상처받지 않고 일하는 법

상처받지 않고 일하는 법

내성적인 사람의 일하는 방식은 달라야 한다

제니퍼 칸와일러 지음

원은주 옮김

중앙 books
JoongAng Ilbo

내향적인 성격을 고민하는
모든 이에게

●

어떤 사람들은 너무 많은 생각으로 인하여 마음의 평화를 찾을 수 없을 때 비로소 말을 하기 시작한다. 고요한 마음속에 더 이상 머물러 있지 못할 때 그제야 입을 여는데, 그때 하는 모든 말들은 그저 유희이며 기분 전환일 뿐이다.[1] — 칼릴 지브란

일이 힘든 게 아니라 사람이 힘들다며 고민을 털어놓는 직장인들이 많다. 사실 단 한 번이라도 그런 생각을 해보지 않은 사람이 어디 있을까? 직장생활 최대의 스트레스는 과다한 업무도 아니요, 성과에 대한 스트레스도 아니다. 바로 사람 사이의 불편한 관계다. 다시 말해 직장에서 성공하려면 단순히 많은 지식과 실무 능력을 보유하는 것만으로는 부족하다. 인간관계를 풀어나가는

기술 또한 필요하다.

당신이 외향적인 사람이라면 인간관계를 쌓는 일에 그리 큰 어려움이 없을 것이다. 하지만 내향적인 사람이라면, 활발하고 활동적이길 강요하는 현대의 비즈니스 문화에서 오해를 사거나 부당한 대우를 받게 될 수도 있다. 사람을 대하는 기술이 부족한 탓에 승진도 못 하고 백날 제자리걸음만 할 수도 있다. 왜 세상은 외향적인 사람을 선호하고, 내향적인 사람은 평가절하하는 걸까? 내향적인 성격은 고치고 개선해나가야만 하는 골칫거리인 걸까?

사실 내향적이냐 외향적이냐는 능력의 차이가 아니라 성격적 기질의 차이일 뿐이다. 내향성은 결코 비난받거나 고쳐야 할 단점이 아니다. 내향적인 성격도 잘 이용하면 훌륭한 강점이 될 수 있다. 남들보다 조용하고 신중한 태도를 고수하면서도 충분히 역량을 발휘할 수 있다. 나는 이 점에 대해 이야기하려고 한다. 이 책에서는 내향성 덕분에 창조적 도약을 이뤄낸 인물과 수백 건의 사례를 바탕으로 해서 얻어낸, 비즈니스 현장에서 내면의 힘을 활용하는 구체적인 방법을 소개할 예정이다.

마음도 근육처럼 단단하게 단련할 수 있을까?

기술 분야나 과학 분야, 또는 금융 분야에 종사하는 전문가라면 조용한 성격일 가능성이 아주 높다. 그와 정반대 분야인 영업이나 관리직, 서비스업 종사자와는 달리 사람을 대하는 기술을 집중적으로 교육받은 적도 없을 것이다. 혹은 당신이 남성이 우세한 분야에서 근무하는 여성이라면, 직장에서 아무도 당신의 말에 귀 기울이지 않아 어려움을 겪고 있을 수도 있다.

또 자신이 항상 내향적이지는 않더라도 이따금은 내향적이라고 생각할 수도 있다. 사람들 앞에서 위축되거나 자신의 의견을 자연스럽게 내놓는 것이 힘들 때에는 말이다. 내향적인 성격도 사람에 따라 그 정도가 다양하며, 온전히 내향적이거나 완벽하게 외향적인 사람은 없다고 해도 과언이 아니다. 직장에서는 조용하기만 한 내성적인 사람이 가족이나 친한 친구들 앞에서는 세상에 둘도 없는 수다쟁이인 경우가 많다. 겉으로 보기에는 누구보다 활달하고 외향적인 것으로 보이는 사람조차 그 내면을 들여다보면 대인관계 스트레스로 쩔쩔매는 경우도 많다.

고백하자면 나는 대단히 외향적인 사람이다. 나는 머릿속에 떠오른 생각을 즉시 말로 내뱉어야 할 만큼 충동적이며, 이 책을 읽는 여러 독자들이 "정신사납다"고 생각할 법한 그런 류의 사람이다. 그러니 나 같은 수다쟁이가 내향적인 사람들의 세계에 대해 뭘 알겠느냐고 생각할지도 모르겠다. 그런 독자들을 위해 내 과거 이야기를 조금만 해보겠다.

나는 25년이 넘게 기업 컨설턴트이자 강연가, 코치로 활동했다. 또 칼럼니스트로 《월스트리트 저널》과 《뉴욕타임스》에서 직장인들을 위한 칼럼을 연재했다. 수많은 조직에서 일하는 수천 명의 직장인들을 훈련시키고 상담했으며, 그 과정에서 많은 사람들이 '자신을 드러내야 한다는 강박'에 시달리고 있음을 알게 되었다. 정서적으로 내향적인 성향을 가졌지만 행동은 외향적으로 하면서 스트레스를 받는 것이었다. 자기 본래의 모습을 버리고 남을 좇으려 들다 보니 어딘가 부자연스럽고 불편해 보였다. 어떻게 하면 이들이 본연의 모습으로 자신감 있게 일하며, 업무적으로 성과를 얻을 수 있을지에 대해서 오랜 시간 고민을 해왔다.

그러던 차에 한 동료가 내게 톰을 소개해주었다. 톰은 마케팅 매니저로 내 연구에 관심을 가지고 있었는데 그의 조언이 깊이 와 닿았다.

"자기처럼 살아야 한다고 떠벌리는 수다쟁이들 말은 듣지 말아야 해요, 안 그렇습니까? 현재 10억이 넘는 산업으로까지 발전한 동기부여 강연에서는 자신만만하고 외향적인 강연가가 청중에게 당신은 잘못됐다고 주입시키는 게 전부죠. 차라리 같은 문제를 겪고 있는 사람들에게서 도움을 받으세요."

나는 톰의 조언을 받아들여 여러 분야에 근무하는 100여 명의 내향적인 직장인들과 직접 인터뷰를 하며 자료를 수집했다. 미리 마련한 질문지를 참고해 인터뷰를 하기도 했고, 그들이 근무하는 회사의 복도에 서서 간단한 대화를 나누기도 했으며, 우연히 비행기 옆자리에 앉은 비즈니스맨과 이야기를 나누기도 했다. 기업 컨설팅을 할 때에는 팀 회의와 세미나, 코칭 세션들을 면밀히 관찰하며 조용한 리더들이 어떻게 업무를 지휘하는지 구체적인 사례를 찾아보았다. 내향적인 리더뿐만 아니라 그와 반대되는 유형의 리더들의 성공 법칙까지 두루두루 연구했다.

커뮤니티 사이트에 질문지를 올려 다양한 답변을 받기도 했다. 많은 사람들이 현장에서 건져 올린 풍부하고 다양한 조언을 해주었다. 또한 학계 및 비즈니스계에서 활약하는 선구적인 사상가들의 독특한 견해도 참조했다. 이렇게 해서 얻은 정보를 바탕으로 이 책은 다음과 같이 구성되었다.

이 책의 1부에서는 내향적인 성격을 효과적으로 활용할 정확하고 실용적인 방법을 소개했다. 외향적 사회에서 내향적 개인으로 살아가는 법에 관한 아주 현실적인 로드맵이라 할 수 있다. 2부에서는 수많은 도구들과 구체적인 사례, 실용적인 팁을 통해 직장에서 발생하는 여러 가지 상황에 대처하는 방법을 살펴볼 것이다. 3부에서는 음지에서 양지로 걸어 나와 장점을 활용할 경우, 어떤 성취와 성과를 거둘 수 있는지 살펴볼 것이다.

적절한 태도를 익히는 것은 단시간 내에 해낼 수 있는 게 아니다. 훌륭한 와인은 인고의 시간을 견뎌야 숙성되고 맛이 깊어지듯이 이 또한 장기적인 과정이다. 이 책은 '틀림'이 아닌 '다름'에서 해법을 찾으며, 내성적인 사람들이 자신의 본성을 제대로 지키며 당당하게 일하는 법을 담고 있다.

무엇보다도 나는 말이 적고, 온화하며, 침착한 남편과 35년을 함께 살면서 이런 성향을 가진 사람들의 입장을 공감하고 존경하게 되었다. 나는 내 남편 빌의 사려 깊은 성품과 조용한 인생관을 이해하고, 그런 남편을 통해 절제의 미덕과 심사숙고의 가치에 대해 많은 것을 깨달았다.

　정신없이 빠르고 시끄러운 이 세상에서 오늘도 묵묵히 자신의 책임을 다하는 조용한 사람들을 응원하며, 이 책이 그들에게 조금이나마 도움이 된다면 더없이 기쁜 일이 될 것이다.

제니퍼 칸와일러

차례

1부 일 잘하는 당신이 회사에서 저평가된 진짜 이유

왜 나는 직장생활이 이렇게 힘들까?

왜 성격은 바뀌지 않을까?

혼자가 편한 당신이 조직에서 인정받는 순간

조용히 세상을
움직이는 사람들

• 외향적인 사람들은 원하는 것을 쉽게 손에 넣지만 당신은 필요한 것을 외면당하거나 무시당한다고 생각한 적이 있는가?

• 직장에서 사람들을 대하는 데 진이 빠지지 않는가?

• 회의 때 아무도 당신의 말에 귀를 기울이지 않는다는 생각이 드는가? 당신의 의견이 받아들여지지 않는다고 느끼는가?

• 사람들 앞에 서면 자기표현을 제대로 하지 못하는가?

만약 그렇다면 당신은 내향인일 수도 있다. 하지만 그런 사람은 당신만이 아니다. 빌 게이츠와 워런 버핏, 래리 페이지, 스티브 워즈니악, 리처드 브랜슨 같은 수많은 위대한 경영자들도 내향적

인 성격을 타고났다.[*1]

테레사 수녀와 에이브러햄 링컨, 마틴 루터 킹, 간디 같은 인류 역사상 중대한 발자취를 남긴 유명한 지도자들 또한 내향적인 성격을 지닌 사람들이 많다. 권력에 굴하지 않았던 용기 있는 언론인으로 존경받는 캐서린 그레이엄 역시 내향인이었으며, 매력 넘치는 연설, 폭발적인 카리스마로 유명한 버락 오바마 대통령 또한 조용하고 내성적인 성격의 리더형에 가깝다. 이 외에도 내향적인 유명인은 수도 없이 많다. 뉴턴, 아인슈타인, 고흐, 니체, 피카소 등 세상을 바꾼 창의적 아이디어와 뛰어난 업적을 만들어낸 이들은 모두 혼자 있기 좋아하는 사람들이었다.

이렇게 전 세계인들의 귀감이 되기도 하는 유명인들도 많지만 한편으로는 '보이지 않는 사람'으로 낙인 찍혀 고달픈 사회생활을 하는 평범한 내향인들도 많다. 미국 성격유형 연구센터의 통계에 따르면 미국인의 대략 50퍼센트가 내향인이라고 한다(그러므로 당신은 절대 혼자가 아니다!). 하지만 자신의 성향이 외향적인지 내향적인지 바로 결론을 내리기에는 어려운 점이 있다. 내향적인 성격과 외향적인 성격을 깔끔하게 한마디로 정의할 수는 없기 때문이다. 개개인은 다양한 특질로 이루어진 독특한 성격을 지니고 있는데, 여기서 성격이란 다른 사람과 차이가 나는 독특하고 일관성 있는 심리적 특성을 뜻한다. 이처럼 성격은 사람마다 다르기 때문에 일반적인 성향에 따라 분류하는 게 최선이다. 현재 전

세계에서 가장 널리 쓰이는 성격유형 검사는 융의 심리유형론을
근거로 하는 'MBTI'(마이어브릭스 유형지표)검사다. 한번도 받아본
적이 없다면 온라인으로 테스트 해보는 것도 자신의 성격을 파악
하는 데 도움이 된다.

하지만 대다수의 사람들은 아래에 나열된 성격의 특징과 핵심
어를 읽기만 해도 자신의 성향이 어느 쪽인지 인식한다. 〈표 1〉에
적힌 목록을 살펴보고 어느 쪽에 더 공감이 가는지 체크해보자.

| 표1 | 외향인과 내향인의 특징

외향인		내향인	
대인관계가 활발하며 사람들을 만나면서 에너지를 충전한다.	☐	혼자 시간을 보내면서 에너지를 얻는다. 여러 사람들을 만난 후에는 에너지를 충전할 혼자만의 시간이 필요하다.	☐
말한 후에 생각한다.	☐	생각한 후에 말한다.	☐
말을 하면서 생각을 정리한다.	☐	머릿속으로 생각을 정리한다.	☐
적극적이다.	☐	소극적이다.	☐
바깥쪽에 털이 달린 털코트처럼 속이 훤히 들여다보여 무슨 생각을 하는지 쉽게 알 수 있다.	☐	안쪽에 털이 달린 털코트처럼 얼굴에 감정을 잘 드러내지 않는다.	☐
친구는 물론이요, 처음 보는 이들에게도 사적인 이야기를 서슴없이 털어놓는다.	☐	선택받은 극소수에게만 사적인 이야기를 한다.	☐
글쓰기보다는 말하기를 좋아한다.	☐	말하기보다 글쓰기를 좋아한다.	☐
너비에 중점을 둔다.	☐	깊이에 중점을 둔다.	☐

나는 어떤 유형의 사람일까?

이 도표에서 어느 한쪽을 선택하기가 어려웠다면 다음의 질문을 자기 자신에게 던져보라. "남은 평생 이 두 가지 성격 중 하나를 선택해야 한다면 어느 편을 선택하겠는가?"

물론 상황에 따라 내향적인 성격이 드러나는 사람도 있다. 특정한 상황이 닥치면 숨겨져 있던 내향적인 성격이 드러나기도 한다. '토크쇼의 여왕'이라 불리는 오프라 윈프리도 처음으로 넬슨 만델라를 만나는 순간 바싹 얼어 말문이 막혔다고 하지 않는가!

내향적인 성격과 수줍음은 흔히 혼동되어 쓰이지만, 실은 완전히 다르다. 수줍음은 낯선 사람을 보고 부끄러워하거나 꺼리는 것에서 기인한다. 내향성은 에너지가 내부로 향하는 것으로 자기 자신에게 몰입하는 성향을 뜻한다. 쉽게 말해 내향적인 사람들은 외향적인 사람들보다 홀로 있는 게 편하고 비사교적이다. 감정을 겉으로 나타내지 않아 어딘지 모르게 속을 알 수 없다는 평가를 받기도 한다. 그렇다고 이들이 사회생활을 못한다는 건 아니다.

내향적인 사람도 얼마든지 성공할 수 있음을 뒷받침하는 강력한 사례가 하나 있다. 『좋은 기업을 넘어 위대한 기업으로』라는 경영서에서 짐 콜린스는 성공한 기업들의 특징을 연구한 결과, 그가 연구한 성공한 기업들에는 과도기에 '단계5'의 특징을 나타내는 리더가 있었다고 설명했다. 이러한 특징을 보유한 사람들은 성과를 내는 데 집중하면서도, 동시에 그 성과에 대한 공을 홀로 차지하지 않는 겸손함도 갖추고 있었다고 한다. 콜린스는 이를 사려 깊고, 수줍어하며, 잘난 체하지 않는 사람이라고 묘사했다. 다시 말해 '단계5'의 특징을 갖춘 리더는 '자신을 내세우지 않고 낮추는 겸손함'을 갖추고 있는데,[2] 이러한 리더의 특징과 감성지능은 내향적인 성격의 특징과 일맥상통한다고 볼 수 있다.

《CIO 매거진》에 실린 한 연구[3]에 따르면, 기업의 중역들은 오늘날 리더들이 실패하는 주요 원인이 공감 능력이 부족하기 때문이라고 한다. 이 연구 결과는 감성지능의 선구자인 심리학자 다니엘 골먼의 연구 결과와도 일치한다. 골먼은 최고의 리더들은 높은 사회지능을 보유하고 있다는 사실을 발견했다. 이러한 형태의 지능을 보유한 사람들은 대인관계에 더 많은 관심을 보이고 집중하는 경향이 있었다. 즉, 높은 사회지능을 보유한 사람들은 타인과 잘 어울릴 수 있으며 부하 직원들의 실적에 큰 영향을 미칠 수 있다는 것이다.[4]

단점도 강점으로 승화시키는 사람들의 비밀

나는 수년에 걸쳐 훌륭한 경영자들과 무수히 많은 상담을 했는데, 뜻밖에도 많은 이들이 자신의 내향적인 성격을 서슴없이 솔직하게 털어놓았다. 마치 이 '비밀'을 털어놓을 기회가 좀처럼 없었던 사람처럼 숨기기보다는 오히려 자신의 성격에 대해 자세한 이야기를 늘어놓았다. 이들은 내향적인 성격을 비즈니스 도전 과제처럼 대했고, 어떤 행동이 효과가 있으며 어떤 행동은 효과가 없는지 이해하고자 했다. 그런 후 전략을 짜고 계획을 수행했다.

다시 말해 성공한 내향적인 리더는 약점으로 여겨질 수도 있는 것을 장점으로 바꾸어 놓을 줄 아는 사람이다. 직원들에게 존경받는 한 관리자는 '지나치게 조용하다'는 피드백을 받았지만 이에 아랑곳하지 않고 오히려 이 느긋한 페르소나를 전면에 내세웠다. 차분한 자신감을 나타내는 능력을 발휘해 주변 모두에게 편안함과 차분함, 자신감을 전달한 것이다.

또 다른 리더는 여러 사람이 모이는 자리를 질색하는 성격을 오히려 기회로 삼아 색다른 방식으로 팀원들과의 소통을 시도했다. 그녀는 자신이 일대일 대화를 선호한다는 점을 팀원들에게 분명히 전달했고, 그 결과 팀원들과 친밀한 관계를 쌓으며 확실한 커뮤니케이션 채널과 신뢰를 구축할 수 있었다.

이렇듯 성공한 내향적 리더들은 직장이라는 한 사회에 적응하기 위해 나름의 창조적인 방법을 찾아냈다. 직장 세계 안팎으로 고객 및 동료들과 일대일로, 혹은 그룹으로 지속적인 의견 교환을 하면서 그에 따른 결실을 거두었다. 그 덕분에 신뢰받고 존경받는 리더, 동료, 직원이 될 수 있었다.

영화 〈악마는 프라다를 입는다〉에 나오는 무시무시한 상사(그리고 어쩌면 '드러나지 않은 내향적 성격'을 지닌 상사) 미란다 프리스틀리는 롤모델로 삼기는 어려운 캐릭터지만, 본인에게 잘 어울리는 기술을 적재적소에 사용한다는 점은 높이 살 만하다. 그 중 가장 인상적인 것은 그녀의 대인관계 기술이다. 그녀는 자신이 원하는 것을 솔직하고 당당하게 표현하며 함께할 수 있는 인맥을 관리하는 데 탁월한 능력을 발휘했다. 이를테면 이런 식이다. 미란다는 밑에서 일하는 두 명의 비서에게 파티 초대 손님들의 이름과 얼굴 및 이런저런 세부 사항을 외워두도록 한 다음, 파티장에서 손님들과 마주치기 직전에 비서들에게 상대방에 대한 정보를 슬쩍 물어보았다. 그리고 난 후 이들과 일일이 눈길을 맞추면서, 이름을 불러주며 인사를 나눴다.

상대방의 이름을 기억하여 불러주는 건 소소하지만 중요한 일이다. 세계에서 가장 많이 팔린 베스트셀러 중 하나인 『카네기 인간관계론』에서도 이렇게 말한다. "당사자에게는 자신의 이름이 그 어떤 것보다도 기분 좋고 중요한 말임을 명심하라."

나와 인터뷰를 한 어느 CEO는 소심하고 대범하지 못해 회의 시간에 한 마디라도 놓칠 새라 부하 직원들에게 꼼꼼히 필기를 하도록 지시했다고 한다. 몇 달 후 이렇게 정리해 둔 정보로 크게 덕을 보기도 했다고 털어놓았다. 빈틈없이 차분하게 준비한 덕분에 기회를 얻은 것이다.

약점은 관점을 달리할 경우 오히려 장점이 될 수 있다. 침묵하는 능력은 내향인의 장점이 될 수 있는 또 다른 특징이다. 많은 사람들이 침묵을 불편해하고 두서없는 이야기들을 꺼내 침묵을 깨려고 하는 반면, 내향적인 사람은 좀 더 심사숙고해서 이야기를 꺼낸다. HP가 인수한 EDS의 부사장으로 글로벌 BPO(비즈니스 프로세스 아웃소싱: 회사 업무 처리의 전 과정을 외부 업체에 맡기는 아웃소싱-옮긴이)를 담당하는 시드 밀스타인은 "사안을 심사숙고한 후에 말을 꺼내기 때문에" 동료들과 상사들에게 지혜롭다는 인식을 심어줄 수 있다고 했다.

내향적인 사람들은 고요한 순간에 내면에서 더 큰 지혜를 발견할 수 있다. 정확하고 신중하게 말을 고를 수 있다. 내가 아는 한 경영 컨설턴트는 수많은 고위급 임원들을 코치했는데, 그는 사색적인 리더들이 입을 열면 그 영향력이 대단하다고 했다. 플로리다 임원협회Florida Society of Association of Executives의 회장이자 CEO인 주디 그레이는 이렇게 말했다.

"우리는 조용하지만 효율적인 리더를 인정하고 고맙게 여겨야 해요. 처음에는 열정적이거나 카리스마 넘치는 리더가 사람들의 마음을 사로잡을지 몰라도, 이러한 특징만으로는 지속적인 발전이나 의미 있는 변화를 창출해낼 수 없습니다."

주디는 몇 년 전 굉장히 영향력 있고 예리한 어느 아이비리그 출신의 CEO에게 이런 말을 들었다고 한다.

"방 안에서 가장 큰 힘을 가진 사람은 가장 조용한 사람입니다.

조용한 물이 깊은 법이지요."

또한 내향적인 사람들은 잠시 멈춰 서서 생각을 하는 습관 덕에 어리석은 실언을 피할 수도 있다. 말하기 전에 생각할 시간을 갖는다면, 혹시 생길 수 있는 말실수나 오해 등 곤란한 문제를 미연에 방지할 수 있다. 한번은 어느 정치인과 이야기를 나눈 적이 있는데, 그 사람은 침묵하는 능력이 있다는 것을 고맙게 생각한다고 했다. 그가 몸담은 곳은 한마디라도 허튼 소리를 내뱉었다가는 하루 아침에 모든 것을 잃을 수도 있는 곳이기 때문이다.

당신이 조용하고 내성적인 성격의 소유자라면 다른 사람들을 관찰하고 탐색하는 시간이 남들보다 많다는 것을 느낄 것이다. 고위급 프로젝트 관리자인 메리 톨런드는 직원들을 세심하게 관찰한 덕분에 조용히 뒤로 물러나 있던 팀원들을 코치해 유능한 인재로 양성할 수 있었다. 또 내향적인 신입 리더들의 입장을 이해해, 그들에게 조직 내에서 승진하고 성공하는 데 필요한 것이 무엇인지 현실적인 조언을 해줄 수 있었다. 메리는 이제 이러한 지식을 여러 사람들에게 전파하고 있다.

이 책 역시 앞으로 내향적인 사람들이 실전에서 적용할 수 있는 여러 가지 방법을 가르쳐줄 것이다. 두뇌를 활성화하기 위해 스도쿠 퍼즐을 풀거나 운동을 하거나 새로운 언어를 배우는 것처럼, 조용한 카리스마를 발휘하기 위해 실용적이고 입증된 도구들을 익힐 수 있다. 그 본격적인 여정을 떠나기에 앞서 가장 먼저 해야 할 일이 있다. 바로 자신에 대한 정확한 이해다. 자신에 대한 올바른 이해가 선행되어야만 자신과 회사 그리고 자신과 타인과의 관계에 대해 명확하게 알 수 있을 것이다.

자신을 들여다볼 준비가 된 사람들을 위한 어드바이스

"자신이라는 인간을 체험하는 것, 그것이 인생이다."

– 프리드리히 니체

일 잘하는 당신이
회사에서 저평가된 진짜 이유

I am Introverted!
So What?

왜 나는 직장생활이
이렇게 힘들까?

    NBC방송의 인기 인형극 〈머핏 쇼The Muppet Show〉에 등장하는 개구리 커미트는 늘 이렇게 얘기했다. "초록색으로 사는 건 쉽지 않아." 여기에 '초록색' 대신 '내향인'이라는 말을 집어넣어 보자. 왠지 공감이 가지 않는가.

    내향적인 사람으로 산다는 것은 결코 쉽지 않다. 직장생활을 하다 보면 특히 더 그렇다. 내성적인 성격으로 외향적인 사람들과 함께 지내며 일하는 것이 얼마나 힘든 일인지 아는 사람은 알 것이다. 뭔가 부족한 존재처럼 느끼게 되고 위축되거나 심한 경우 자존감이 뿌리째 흔들리기도 한다. 이대로는 행복하게 일할 수 없다.

더 큰 문제는 직급이 올라갈수록 부담과 스트레스가 더 커진다는 점이다. 조직에서 더 큰 임무를 맡는다면 내향적인 성격으로는 버거울 수도 있다. 직급이 올라갈수록 업무 자체보다는 사람을 관리하는 일이 많아지기 때문이다. 직급이 달라지면 그 직급에 적합한 리더십 역량을 향상시켜야 한다. 각 직급과 역할에 요구되는 역량을 잘 파악해야 하고 개별 직무에 필요한 역량 목표를 설정해야 한다. 그러기 위해선 자신을 되돌아보고 점검할 수 있는 시간이 필요하다.

사람들은 실패의 고통을 겪고 나서야 비로소 변화를 시도하는 경향이 있다. 늘 똑같은 방식으로 일을 처리하다가 손해가 너무 클 때 그제야 태도를 바꾸는 것이다. 매일 똑같은 길을 따라 운전을 하다 장애물을 만나야지만 어쩔 수 없이 다른 길을 찾는 것과 마찬가지다. 직장에서 부닥치는 장애물 역시 새로운 깨달음을 얻는 계기가 되기도 한다. 나에게 코치를 받았던 수많은 내향인들은 자신이 경험한 사건을 명확히 규명해보는 것만으로도 깨달음을 얻었다고 한다. 다시 말해 앞으로 겪을 수 있는 문제점을 이해한다면 어떤 태도를 바꾸어야 하는지 깨닫는 데 도움이 될 것이다. 그러면 내향적인 직장인으로서 가장 흔히 겪는 다음의 네 가지 문제점을 살펴보면서 변화의 자극제를 모색해보자.

몸과 마음이
먼저 아는 스트레스

과도한 업무와 신체적인 피로, 대인관계에서 오는 스트레스 모두는 직장에서 내향적인 사람들을 괴롭히는 부정적인 요소다. 각 요소에 해당하는 사례를 살펴보자.

거절하지 못하는 병

갓 학교를 졸업한 매디라는 한 여성은 대규모 의료서비스 업체의 회계사로 취직했다. 고소득의 안정적인 직장을 얻었다고 생각한 매디는 그곳에서 많은 것을 배우고 또 자신이 배운 것을 활용하게 되리라 기대했다. 입사하고 처음 몇 주 간은 업무도 수월하고 모두들 친절했으며, 상사 또한 그녀를 마음에 들어했다. 매디는 매일 사무실로 출근하는 게 즐거웠다.

하지만 불행히도 몇 주가 더 지나면서 상황은 급변했다. 맡은 일이 부담스럽고 힘겹게 느껴지기 시작했다. 오전 6시 30분에 출근해서 오후 10시가 넘어야 퇴근하는 생활이 반복되자 '내가 지금 여기서 뭐하는 거지'라는 생각이 고개를 쑥 내밀곤 했다.

그사이에 그녀에게 도대체 무슨 일이 생긴 것일까? 꼼꼼하고 차분한 매디는 몇 건의 프로젝트를 성공적으로 수행해 똑똑한 직원이라는 평가를 받았다. 그러자 여기저기서 업무를 도와달라는 요청을 받았다. 프로젝트를 맡아보겠느냐는 말이 나오면 차마 거절하지 못하고 억지로 떠맡았다. 다른 사람들이 자신을 무능하거나 의욕 없는 직원이라 여길까 봐 두려웠던 매디는 결국 홍수처럼 밀려오는 수많은 업무에 빠져 허우적대는 신세가 되었다. 프로젝트의 마감일을 맞추느라 고군분투한 것은 두말할 나위 없었다. 상사에게 자신이 처한 상황을 정확히 알리지 않아 상사 역시 과다한 업무에 힘들어하는 부하 직원을 도울 수 없었다.

혹시 업무 요청을 거절하지 못한 적이 있는가? 'No'라고 말하지 못해서 일을 억지로 떠맡은 경험이 있는가? 이런 사람들은 완벽한 일 처리를 위해 최선을 다하는 노력파일 가능성이 크다. 하지만 일이 완벽하게 처리되지 않으면 스트레스를 받고 힘들어한다. 늘 주위 사람들을 잘 도와주어 사내에서 좋은 평판을 듣고 있지만 업무 시간 중 상당 부분은 다른 사람을 돕는 데에 할애한 나머지 정작 자신이 해야 할 일에는 손도 대지 못한다. 성과에 비해 자신의 권리를 주장하는 자신감과 확신이 부족해 자신의 업무 실적에도 악영향을 끼칠 뿐 아니라 건강까지 해치기도 한다.

문제를 유발하는 것은 언제나 존재하는 스트레스가 아니라 스트레스에 대한 우리의 반응이다. 매디는 사람들의 부탁에 유연하게 대처하지 못하고 상사에게 도움을 구하지도 못해 일과 사생활의 균형을 잃어버렸다.

피곤한 인간관계

최근 세미나에서 나는 회의 때 호명되기만 하면 말을 더듬는다는 소심한 남자 두 명을 만나 이야기를 나누었다. 평소에는 사람들과 멀쩡하게 이야기하면서 비즈니스 미팅이나 회의에는 얼어붙어버린다는 것이다. 이러한 사례야말로 몸과 마음이 스트레스에 어떻게 반응하는지를 잘 보여주는 사례다.

우리 인체는 스트레스를 받으면 외부자극에 대응하기 위해서 여러 가지 생리적인 변화를 보이는데 우선 혈압이 상승하며, 심장박동과 호흡이 빨라지게 되고 또 전신의 근육이 긴장하게 된다. 소화 장애는 물론 두통, 근육통, 복통 등 온갖 질병이 나타난다.

내향인들이 타인을 대하면서 느끼는 어색하고 불편한 감정도 신체에 악영향을 미칠 수 있다. 좌절을 겪을 때 감정들을 속에 담고만 있으면 이러한 종류의 신체적 증상이 나타날 가능성이 아주 높다. 실제로 직장인 중에는 인간관계의 어려움 때문에 소화불량, 두통, 신경불안증으로 고생하는 사람이 의외로 많다. 이러한 내향인들은 한꺼번에 많은 사람들을 대해야 할 때 극심한 피로를 느끼기도 한다. 특히 사교 행사처럼 전혀 보지도 알지도 못했던 사람들 속에서 어울려야 할 때 더 그렇다. 많은 사람들을 만난 뒤 에너지가 고갈되기 때문이다.

내향적인 내 동료 중 한 명은 "잔뜩 들떠서 끊임없이 수다를 떠는 사람들"에 지쳐 항상 먼저 자리를 뜬다. 또 다른 동료는 내게 끔찍한 칵테일 파티에 참석하느니 차라리 집에서 끔찍하게 재미없는 책이나 읽는 게 낫겠다고 했다.

자신이 내향적인지 아닌지를 판단하는 여러 가지 방법 중 하나는 타인과 시간을 보낸 뒤에 긴장을 풀고 재충전할 시간이 필요한지 아닌지 여부다. 『일터로 간 화성남자 금성여자』의 저자인 존 그레이 박사가 남성이 여성을 피해 필요한 휴식을 취하는 도피처를 동굴[*1]에 비유했듯이 내향인 역시 이와 비슷한 도피처가 필요하다.

나와 이야기를 나눈 내향인들 중 대다수가 외향인들에게 둘러싸여 있을 때 느끼는 극심한 피로를 회복하기 위해 자신만의 공간과 혼자 즐기는 조용한 시간이 필요하다고 토로했다.

나도 어느 정도 공감한다. 얼마 전 업무적으로 만난 한 파트너는 처음에 대화를 나누기 시작했을 때는 꽤 괜찮은 남자 같았다. 하지만 그 남자는 장장 45분간 끝없이 떠들어댔고, 난 끼어들어 한마디 해보려고 시도하다 결국 지쳐 떨어지고 말았다. 내향인들이 매일 느끼는 기분이 바로 이런 것일 게다.

때로는 갑작스러운 상황에 처하는 것도 스트레스를 유발한다. IBM의 IT 프로젝트 관리자로 15년 넘게 근무한 폴 오트는 빨리빨리 대응을 해야 하는데 그럴 수 없을 때 스트레스를 받는다고 털어놓았다. 그런 상황이 되면 마치 벌거벗은 것 같은 기분이라고 말했다. 폴은 '저격수' 타입을 가장 두려워했다. 저격수란 비밀 정보를 이용해 그의 논지를 반박하는 사람들이다. 이런 사람으로부터 비판을 받았을 때, 또는 자신의 주장이 받아들여지지 않을 때 자존심이 상하고 주눅이 든다고 나를 찾아와 하소연했다.

원하지 않는데 억지로 눈에 띄는 관리 직책을 떠맡는 것도 스트레스가 될 수 있다. 내가 만난 대부분의 리더들은 최고경영자라는 직책에 맞게 적극적으로 앞에 나서서 사람들과 대화의 장을 가지도록 노력했다. 하지만 역시 쉬운 일이 아니다. 어느 내향적인 CEO는 리더 역할을 연기하는 게 얼마나 어려운 일인지 고충을 토로하며 이렇게 말했다.

"'전체 회의'를 떠올리기만 해도 머리가 지끈거려요. 육체 노동을 한 후에 느끼는 기분과 다르지 않을 겁니다. 정신적으로 지치는 거죠. 물론 역할극을 지속하는 동안에는 다른 사람에게 이 사실을 숨겨야 하니, 그 때문에 스트레스는 더더욱 쌓이는 거죠."

많은 이들이 사회생활을 할 때는 자기 모습을 감추려 애쓴다. 비유하자면, 가면을 쓰고 일하거나 위장을 한 채 일하는 것이다. 내향인은 겉으로는 대범해보이려고 노력하지만, 그것 자체가 큰 스트레스가 되기도 한다. 내향적인 사람들의 가장 큰 실수는 갑자기 외향적인 사람으로 바뀌려는 것이다. 외향인의 태도를 따라 하는 것은 시간이 지나면서 점차 수월해질 수 있지만, 타고나지 않은 이상 절대 당신의 스타일이 될 수 없다. 그것보다는 오히려 자신의 모습을 있는 그대로 받아들이며 자신의 가치를 더욱 가꾸고 발전하는 데 에너지를 쏟는 게 효과적이다.

내가 보는 나,
남이 보는 나

다른 사람들이 생각하는 나와 내가 생각하는 나는 커다란 차이가 있는 경우가 많다. "인식이 곧 진실이다."라는 말을 들어보았을 것이다. 미국에서 영향력 있는 토크쇼 진행자인 톰 하트만은 그의 저서 『코드 해독하기』에서 "커뮤니케이션의 의미는 상대방에게서 얻는 응답에 있다."고 했다.[2] 자신이 의도한 메시지와 상대방이 받아들인 메시지의 차이를 이해해야 인식의 차이를 좁힐 수 있다는 말이다.

일 처리가 느리다거나 소심하고 답답한 사람이라는 것이 내향적인 사람들이 마주칠 수 있는 부정적인 선입견이다. 이 선입견들을 하나하나 자세히 살펴보자.

부정적인 인상은 이런 모습에서 나온다

내향적인 사람들은 본인이 의도한 바는 아니지만, 외향적인 사람들에게 부정적인 인상을 심어주는 경우가 많다. 내향적인 사람들은 자신이 직장에서 경쟁력 있고 자신감 있는 사람으로 비춰지길 바라지만, 그러한 바람은 왜곡되기 일쑤다. 내향적인 사람들은 아무렇지 않은데도 상대방에게 "오늘 무슨 일 있어요?"라는 질문을 받는 경우가 종종 발생한다. 표정이 어둡다거나, 입을 굳게 다문 채 일하기 때문이다. 생각하고 있는 것을 바로 말하지 않기 때문에 소심하거나 무뚝뚝하거나 둔감하다는 부정적인 평을 받기도 한다. 침묵을 지키다가 드문드문 던지는 말 때문에 무례하다는 인상까지 준다.

조너선 라우치는 《애틀랜틱 먼슬리》에 〈당신의 내향성을 보살펴라〉라는 훌륭한 기사를 기고했다.[3] 라우치는 이 기사를 통해 내향적인 사람들은 '기분이 좋지 않으냐'는 질문을 많이 받으며, '너무 심각하다'는 말도 많이 듣는다고 했다. 나아가 외향적인 사람과 내향적인 사람 사이의 단절에 대해 이렇게 설명했다.

"외향적인 사람은 내향적인 사람을 거의, 혹은 전혀 이해하지 못한다. 외향적인 사람들은 누구나 사람들과 함께하는 것을 좋아하며, 특히 자신들과 함께하는 것은 언제나 환영받는다고 생각한다. 홀로 있고 싶다는 사람을 이해하지 못하며, 홀로 있고 싶다는 말에 분개하기도 한다. 나는 외향적인 사람들에게 그 점을 설명하려 해봤지만, 단 한 번도 그들이 진정으로 이해했다는 느낌을 받아보지 못했다. 다들 한 귀로 듣고 한 귀로 흘려버렸다. 인상이라는 것은 관계 초기에 형성된다. 내향적인 사람들은 화난 사람이나 괴팍한 사람으로 비춰지고자 의도한 것이 아닌데도 상대방에게 그런 인상을 주는 경우가 많다. 그리고 불행히도 한번 형성된 인상은 계속 가는 경향이 있다."

겉으로 드러나는 모습 또한 상대방에게 오해를 불러일으킬 수 있다. NPR의 인기 라디오 프로그램인 〈인피니트 마인드the infinite mind〉에서는 최근에 수줍음이라는 주제를 다루었는데, 수줍음과 내향적인 사람의 상관관계에 대해 나에게 새로운 시사점을 제공했다. 수줍음의 원인에 대해 학자들은 신경계의 흥분조절능력의 결핍에 기인한 타고난 성향으로 내향적인 성격과는 다르다고 하지만, 다음 코멘트를 보면 그 둘이 연관이 있다는 사실을 잘 알 수 있다. 이 라디오 방송에서 인터뷰를 한 대상자 중 한 명은 사람들에게 지적을 받는다는 독특한 목소리로 이렇게 말했다.

"순간 사람들이 나의 어떤 점에 주목한다는 사실을 깨달았어요. 그런 것이 주목받는다는 기분인가 봐요. 사람들이 엉뚱한 인상을 받고 있다는 기분 말이에요. 사람들은 내 겉모습만 보고 판단하기 때문에 진정한 내 모습을 몰라요. 진정한 나는 아주 강하고, 아주 눈치가 빠르고, 아주 영리할 수 있어요. 하지만 조금 내성적이고 주눅이 들어 있다고 해서 그저 쨍쨍거리는 목소리로 말이나 더듬는 멍청한 여자애 취급을 하죠."●4

조직 안의 다른 사람들과 어울리지 않고 주위에 대해서도 극히 무관심한 경우 이상한 사람으로 취급되거나 고의적으로 무시되기도 한다. 한 내향적인 직장인은 묵묵히 자기 일만 하며 성실하게 일했지만 주변 사람들은 뒤에서 수군거리며 그 사람의 험담을 했다. 상사에게 잘 보이기 위해 혼자 튀어서 인정을 받으려고 애쓴다는 비아냥을 들었다.

한 번 잘못된 인식을 심어주면 오해가 쌓이게 마련이다. 이런 잘못된 인식이 평판에 영향을 주고, 그 평가에 따라 그 사람의 가치도 달라질 수 있다. 그러므로 잘못된 인식 위에 자신을 세우지 않도록 주의하자. 평판은 꼬리표처럼 당신을 따라다닐 수 있다.

내가 스마트하지 못하다고?

내향적인 사람들에 대한 또 다른 잘못된 인식은 기민하고 유연하게 대처하는 능력이 떨어진다는 것이다. 모든 게 빠르게 돌아가는 세상은 가능한 빨리 해결책을 찾길 원한다. 일반적인 조직 문화에서는 즉시 아이디어를 내놓지 않으면 쓸모없는 사람으로 여기는 분위기가 있다. 또 말을 하기보다 듣기에 치중하는 사람은 자신감이 부족한 사람으로 비춰진다.

한 외식업체의 부사장인 마틴 슈미들러는 내향적인 사람들을 대표해서 이런 의견을 내놓았다. "느린 것이 아니라 꼼꼼한 것입니다. 가능한 한 많은 정보와 의견들을 모두 들은 후에 결정을 내리는 것을 좋아합니다. 신중하게 생각해서 말을 하는 편이지요."

슈미들러는 신중한 답변을 내놓기 위해 잠시 침묵하는 태도가 빠릿빠릿하지 못한 사람이나 리더로서 가장 큰 약점인 우유부단한 사람이라는 인상을 줄 수 있다고 인정했다. 하지만 그는 장기적인 안목을 갖고 신중한 의사결정을 하는 것이야말로 진정한 리더의 덕목이라고 강조하며 자신의 의견을 피력했다.

왠지 수동적인 이미지

내향적인 사람들은 일을 할 때 감정을 드러내는 것을 두려워한다. 감정을 숨기기 때문에 수동적이고 나약한 사람으로 오해를 살 때도 있다. 특히 자기가 하고 싶은 것, 하기 싫은 것을 솔직하게 밝히며 자기 잇속을 챙기는 사람들 사이에서 더욱 그러하다. 다른 사람의 요구나 말을 수동적으로 받아들이기만 하면 경력 발전에 아무런 도움이 되지 않는다. 원하지도 않는 역할을 떠맡을 수도 있으며, 쓸데없는 일에 에너지가 빼앗기거나 과로에 시달릴 수도 있다. 그건 마치 자신의 운명을 다른 사람의 손에 맡기는 것과 같다. 좀 더 적극적인 태도를 개발하지 않는다면, 유능한 인재로 인식되기가 힘들어질 것이다. 성과가 있을 때는 자기 자신을 제대로 알려야 하며, 정확하게 자신의 의사를 전달하는 능력이 있음을 보여 주어야 한다. 단, 모든 커뮤니케이션의 기본은 말을 잘하는 것이 아니라 경청을 잘 하는 것임을 잊어서는 안 된다.

커리어를
망치는 행동들

직원들에게 동기부여를 불러일으켜 결과를 성취하도록 하는 데는 기술이나 업무 관련 전문지식 그 이상이 필요하다. 훌륭한 리더, 훌륭한 코치가 되기 위해서는 무엇보다도 대인 기술을 개발해야 한다. 사람을 다루는 기술은 리더의 핵심 능력이다.

소위 '부드러운 기술'이라 부르는 이 기술은 리더뿐만 아니라 직장인들의 필수 능력으로 직장생활의 중심을 차지하고 있다. 직장 내 경쟁이 날이 갈수록 치열해지면서 업무 성과뿐 아니라 유머감각, 화술, 사교성 등이 중요한 비즈니스 경쟁력으로 자리 잡았기 때문이다. 조직 내에서 성장하는 사람과 그렇지 못한 사람을 보면 대인관계에서 판이하게 차이가 난다는 것을 알 수 있다.

그래서인지 요즘 기업들은 직장인들의 대인 기술을 훈련시키는 데 막대한 투자를 하고 있다. 최근 몇 년 사이에 '화술·대인관계' 개발 프로그램이 우후죽순처럼 늘어난 것도 그 이유다. 하지만 내향적인 사람들은 앞서 말했듯이 일부러 관계의 폭을 넓히지 않는다. 이미지를 관리하는 데 신경을 쓰지 않을 뿐더러 외부 평가 자체에 무심하다.

대인관계를 등한시하는 것만 문제가 되는 게 아니다. 지나친 겸손, 정치를 회피하는 것, 영리하게 일하는 것이 아니라 무작정 열심히 일하는 것 등 이런 태도가 알게 모르게 경력 발전을 가로막는 벽이 될 수 있다.

지나친 겸손은 화를 부른다

얼마나 쓸 만한 사람인가를 판단하는 기준은 지금까지 쌓아온 경력으로 판단하는 경우가 많다. 경력은 다른 사람들이 당신과 당신의 성과에 대해 어떻게 생각하느냐에 따라 만들어지기도 하고 사라지기도 한다. 묵묵히 '일'만 잘한다고 해서 경력이 저절로 쌓이는 건 아니다.

미국 남부에는 "스스로를 뽐내지 말라"는 격언이 있다. 즉, 겸손하라는 뜻이다. 하지만 안타깝게도 직장이라는 정글에서 이런 규칙은 무용지물이다. '경쟁과 적자생존'을 강조하는 이 냉혹한 세계에서 가만히 있다가는 당신의 자리가 위태로워질 수도 있다. 당신이 성취한 결과를 나서서 홍보하지 않는다면 다른 사람에게 그 공을 빼앗길 수 있다.

또 승진 및 원하는 업무, 새로운 일을 할 기회를 놓칠 수도 있다. 내가 상담했던 한 내향적인 사람은 "외향적인 사람은 스스로를 호의적으로 포장하고 홍보하는 법을 알지만, 나는 바보 같이 다른 사람이 날 인정해주기만을 기다리고 있었다."고 토로했다.

스스로 이룬 성과를 이야기하지 않는다면 사람들은 당신이 어떤 재능을 가지고 있는지 어떤 잠재력을 가지고 있는지 알 수가 없다. 다른 사람들이 당신의 마음을 읽을 수가 없으므로 당신의 경력은 제자리걸음만 하게 될 뿐이다. 프로젝트 리더들이 적당한 책임자를 물색할 때 당신은 그들의 레이더망에서 제외될 것이다. 또 승진에도 심각한 영향을 미칠 수 있다.

내가 이 책을 쓰기 위해 인터뷰한 사람들이 가장 후회하는 것

중 하나가 바로 스스로를 홍보하지 않았다는 점이었다. 스스로를 뽐내지 않는다면 새로운 직책을 맡을 기회를 놓칠 수 있다. 결과적으로 이런 태도는 경력을 쌓는 데 아무런 도움이 되지 않는다.

잡담이 능력이다?

"중요한 것은 당신이 무엇을 알고 있느냐가 아니라, 당신이 누굴 알고 있느냐다."라는 오랜 속담이 있다. 오늘날에도 여전히 통용되는 속담일 것이다.

메리 톨런드는 직장생활 초기에 대인관계를 쌓을 기회를 한 번 놓치는 바람에 승진에 큰 악영향이 미쳤다고 했다. 그 회사의 문화로는 승진을 하려면 대인관계를 다져두는 것이 중요했던 것이다. 메리는 쓸데없는 시간 낭비로 생각했던 '잡담'의 중요성을 뒤늦게야 깨달았다. 휴게실이나 술자리에서 주워듣는 잡담에는 공식 석상이나 회의실에서 나누는 이야기보다 훨씬 유용한 소식이 담겨 있다는 것을 알게 된 것이다. 좀 더 많은 만남과 기회를 잡을 수 있는 것은 물론이었다.

사람들은 대개 자신이 잘 알고 대화하기 편한 사람을 자기 곁에 두려는 심리가 있다. 자신의 이야기에 맞장구도 쳐주고 공감을 표하는 사람에게 이끌리기 마련이다. 그럼에도 여전히 혼자 조용히 일하는 기존의 틀에서 벗어나기가 쉽지 않다면, 그리고 직장 안팎에서 인맥을 확대하지 못한다면, 당신의 경력에 무엇보다도 소중한 자산이 될 대인관계를 결코 만들지 못할 것이다.

인적 네트워크를 쌓는 또 다른 방법은 업무와 관련된 사람들과 꾸준히 좋은 관계를 유지하는 것이다.

나는 사내 행사나 세미나가 열릴 때 명함 교환을 금지하는 한 조직에서 근무한 적이 있는데, 이 조직은 특이하게도 명함 교환을 통해 자신의 인상을 각인시키는 것보다는 함께 일하며 서로의 얼굴을 알고 이름을 외우도록 격려했다. 조직 내의 여러 프로젝트에서 함께 일하며 교류하는 실질적인 경험을 통해 그 일에 적합한 사람인지 아닌지를 판단하는 것이었다. 그 덕분에 구성원들이 서로 간의 지식과 정보를 주고받는 가운데 네트워크도 함께 성장할 수 있었다. 다시 말해, 명함 교환과 잡담의 시간보다 훨씬 더 강력한 약속은 바로 사람들 간의 신뢰라고 말할 수 있다.

성실한 당신에게 딱 한 가지 부족한 것

사내 정치를 부정적이고 추악한 게임이라 여기는 사람들이 많다. 소문과 험담, 뒷담화, 중상모략도 분명 사내 정치의 일부이긴 하다. 하지만 사내 정치는 대부분 불가피하게 발생하며 꼭 부정적인 것만은 아니다. 사내 정치란 일종의 파워 게임의 성격을 갖는다. 어떤 조직이건 잘 들여다보면 권력 다툼이나 힘겨루기가 나타나지 않는 곳이 없다.

좋은 의미의 사내 정치란 은행에 자본금을 넣어두고 시간이 지날수록 이자를 차곡차곡 쌓아가는 것과 같다. 다시 말해 적절한 사람들과 관계를 맺는다는 뜻이며, 적절한 사람이란 조직 내의 고위급 임원뿐 아니라 다른 사람들의 존경을 받고 인맥이 탄탄한 사람을 말한다. 자본금을 넣어둔다는 것은 적절한 사람들과 함께 시간을 보내면서 이들이 무엇을 필요로 하고 무엇을 우선시하는 지를 알아내고 자신이 나아가야 할 방향을 결정하는 것이다. 이러한 인맥들로부터 조직의 문화나 은밀한 노하우를 좀 더 배우면 당신의 목표를 성취하는데 도움이 된다.

사내 정치가 아무리 중요하다고 해도 나는 능력으로만 승부하겠다고 생각하며 성실하게 일만 하는 사람들이 있다. 심지가 곧고 자신이 하는 일에 대한 목표가 뚜렷한 내향적인 사람들이 종종 그렇다. 그들은 대체로 이렇게 말한다.

"모든 사람들과 다 잘 지내야 한다는 강박 같은 것은 갖고 싶지 않아요. 그보다는 일로 승부해서 인정받고 싶어요."

나서지 않고 남들보다 업무에 더 집중하며 생산성도 더 높지만 막상 승진 시기가 되면 누락되는 일이 비일비재하다. 성장이 아닌 생존이 화두가 된 비즈니스 현장에서는 소처럼 묵묵히 일만 하는 사람보다 처세에 능하고 사내 정치를 잘하는 사람이 대우받기 쉽다. 물론 그렇다고 해서 실력은 등한시한 채 정치에만 열을 올려서도 안 된다. 정치에 눈 감은 채 실력만 키우면 된다는 생각도 곤란하지만 그 반대의 경우도 마찬가지다. 뭐든 적당히 하면

좋다는 기본에 충실한 자세로 내 사람을 만드는 속 깊은 인간관
계를 구축해야 한다. 성공하려면 꼭 기억하라. 어떤 경우건 간에
사내 정치를 피할 수는 없다.

열심히 일만 하는 것

나는 신입 및 중간급 관리자들을 상대로 경영 세미나를 진행한
경험이 많이 있다. 의사소통과 경영기술을 다루는 세미나에 참석
하는 사람들은 주로 자료나 정보를 다루는 직장인들로 회계와 금
융, 공학, IT 업계 종사자들이 대부분이다.

이들은 회사 내에서 가교 역할을 하며 사원들이 복잡한 규정들
을 준수하도록 돕는 일을 한다. 이들 대부분은 성과형 인재다. 그
렇지 않다면 소속 회사들이 이들의 개발에 연간 수천 달러를 투
자하지 않았을 것이다. 이들은 혁신과제를 수행한다는 막중한 책
임에 걸맞은 우수한 인재로 창의력이나 문제해결력이 뛰어났다.
하지만 아쉬운 점이 딱 한 가지가 있었다. 대인 기술이 부족하여
자신감이나 존재감이 떨어져 보인다는 것이었다.

내향적인 사람들 중 많은 수가 대인관계를 쌓기 위한 대화를
기피한다. 자신의 자리에만 콕 처 박혀 있거나, 웬만해서는 술자
리 같은 퇴근 후 모임에는 들르지 않는 것이 보통이다. 당신은 과
연 하루에 몇 번이나 사무실 칸막이를 나와 다른 사람들과 대화
를 하는가? 주위 사람들과 아무런 소통이나 교감 없이 일만 하고

있지는 않은가?

사람 만나는 것을 기피하고 주어진 업무만 열심히 한다면 한동안은 효율적일지도 모른다. 대인관계에 시간과 에너지를 쓰다 보면 업무에 쏟을 여력이 부족할 수 있다. 내향적인 사람들의 말처럼 '연기'를 하는 것은 사람의 진을 전부 빼놓는 일이기 때문이다. 어떤 사람이 내게 말했듯 일부러 '행복한 표정을 짓는 것도 때로는 고역'이다.

시간과 에너지는 누구에게나 한정되어 있다. '현대 경영학의 아버지'로 불리는 피터 드러커도 "시간을 토막토막 나누고, 이어서 스케줄을 짠다고 해도 얻어지는 성과는 아무것도 없다. 하루에 정말 의미 있게 사용할 수 있는 시간은 단 한 시간이 될까 말까 하다."라고 말했다.

사람들을 편하게 대하는 효율적인 방법을 익히지 않는다면, 매일 출근할 때마다 전쟁터에 나가는 사람처럼 긴장한 채 고군분투하는 생활이 반복될 것이다. 이러한 생활이 이어지면 에너지 낭비뿐 아니라 업무 실적에도 악영향이 미치는 건 자명한 논리다. 실제 업무에서 자신이 시간과 에너지를 어떻게 쓰고 있는지 파악하고 가치 있다고 여기는 곳에 우선적으로 시간과 에너지를 집중하라.

내향적인 사람들은 대인관계에 소홀한 경향이 있다. 다른 사람과 의미 없는 시간을 보내면 자신의 시간과 에너지를 빼앗긴다고 생각한다. 하지만 대인관계 갈등이야말로 스트레스의 주원인이자 업무의 효율성을 떨어트리는 결과를 낳을 수 있다는 것을 꼭 기억해야 한다.

결과를 바꾸는
한 끗 차이

앞에 나서거나 중심에 서지 않는 내향적인 사람들의 성격은 직장에서 여러 문제를 일으킬 수 있는 또 다른 특징이다. 다른 사람의 눈에 띄지 않는다면 여러 기회를 잃을 수 있고, 아이디어를 내놓아도 아무도 귀를 기울이지 않을 것이며, 조직 내에서 영향력마저 잃게 될 수도 있다.

좋은 기회를 놓치는 사람, 죽은 기회도 살리는 사람

'반짝거리며 빛나는' 외향적인 사람들은 자신의 업무에 필요한 자원을 쉽게 얻어내는 반면, 내향적인 직장인들은 좌절에 빠져 기다리기만 한다. 외향적인 사람들은 자신에게 유리한 방향으로 상황을 이끌어내는 데 비해, 내향적인 사람들은 요령을 피우거나 적당히 타협하지 않는다.

비영리 단체의 CEO인 로리 니컬스는 "외향적인 사람들은 겉으로만 부풀려져 있으며 실속은 없다."고 지적하기도 했다. 반면 내향적인 사람은 꾸준히 노력하는데도 자신이 한 일에 대한 공로를 인정받지 못할 수도 있다. 예산 책정이나 급여 인상, 혹은 인사 이동 시기가 왔을 때 손해를 보는 것은 어느 쪽일까? 상사나 경영진은 업무 평가를 할 때 내향적인 직원이 무대의 중심을 차지하고 있지 않으면 이들의 장점과 능력, 실적을 쉽게 간과해버린다.

마케팅 업계에 근무하는 한 젊은 내향적인 직장인은 회사 내에서 열리는 회의 시간에 직원들에 대한 인식이 형성된다는 점을 알아차렸다. 그는 회의에서 자신의 미래가 결정되며, 회의에서 생성된 대인관계에 따라 고위급 경영진에게 어떤 인상을 주느냐가 달려 있다고 생각했다. 그는 '먼저 나서서 말하는 타입'이 아니라서 업무를 신속하고 효율적으로 완수하면서도 원하는 업무를 맡지 못한다고 믿고 있었다. 그는 쓴 웃음을 지으며 이렇게 말했다. "나는 그 자리에 존재하기만 할 뿐 내가 어떤 일을 했는지 표지판을 들고 있지는 않은 겁니다."

이러한 상황에서 뒤로 물러나 관망만 하는 것은 속된 말로 '맨땅에 헤딩'하는 것과 비슷하다. 인상을 남기지 못하면 고용주들이 '가장 먼저 떠올리는 직원'이 되기가 힘들다. 조직 내에서는 당신이 존재한다는 사실을 사람들이 잊어버리고 만다. 결국 성취한 만큼 보상을 받지 못해 좌절하고 업무 의욕마저 꺾여버리는 결과를 낳는다. 이런 상황에 처한 내향적인 직장인들은 타고난 기질을 바꾸는 것 외에 다른 방도를 몰라 쩔쩔매고 있을 것이다. 가장 먼저 떠오르는 '핵심 인재'가 되기 위해서는 무엇이 필요할까?

문제는 장악력이다

내향적인 사람들은 느긋하게 뒤로 물러나 있는 경향이 있어 이들의 통찰력과 아이디어, 해결책은 웬만해서 상대의 레이더망에 잘 포착되지 않는다.

나를 찾아온 고객 중에서도 특히 내향적인 사람들은 회의 때마다 하고 싶은 말이 많은데 주로 남의 말을 들어주는 입장이다 보니 말할 기회가 별로 없다고 하소연한다. 언제 끼어들어 자신의 의견을 내놓아야 할지를 모르겠다며 스트레스를 털어놓는다. 나서서 말할 기회가 생겼을 때에도 무시당하거나 아니면 좀 더 적극적인 팀원들이 아이디어를 가로채버린다고 불만을 토로한다.

"모임이 있을 때마다 외향적인 사람들이 분위기를 휘어잡아요. 무작정 앞에 나서서 요란하게 허풍을 떨어대죠. 회의 시간에 내가 나서려 할 때마다 외향적인 사람이 끼어들어 화제를 전환해버려요. 그럴 때마다 너무 힘이 들어요. 나는 내향성이란 병을 앓고 있는 거예요."

수많은 내향적인 사람들이 들러리처럼 밀려나 있는 듯한 경험을 한 적이 있다고 한다. 아이디어를 내놓아도 정당한 인정을 받지 못한다고 불만을 토로하는 사람들도 있다. IBM에 근무하는 노런한 IT 팀장은 자신은 본래 조용히 여러 가지 아이디어를 숙고한 다음 신중하게 고려한 답변을 이메일로 보내는 타입이라고 했다. 하지만 그의 아이디어가 별로 받아들여지는 것 같지 않고, 오히려 회의장에서 떠도는 형편없는 제안들이 후에 자신이 이메일로 보낸 제안보다 더 큰 영향력을 발휘한다고 했다. 그의 조직에서는 글로 쓴 문서보다 어떤 말을 하는지에 따라 직원을 평가했던 것이다.

소통의 달인이 되어 영향력을 행사하고 싶다면

직장 내에서 존재감을 드러내지 않으면 회의와 의사결정 과정에 미칠 수 있는 영향력이 줄어들 뿐 아니라 평판에도 치명적 손상을 입힌다. 하지만 영향력은 결코 저절로 주어지는 것이 아니다.

최근에 나는 한 내향적인 리더에게서 안타까운 사연을 접했다. 그는 팀원 모두에게서 특정 일자까지 보고서를 받아야 해서 이 사실을 이메일로 알렸다. 하지만 원하는 일자에 보고서를 받지 못하자 팀원들에게 다시 한 번 이메일을 보냈다. 상사의 지시에 따르지 않은 것과 프로젝트에 신경을 쓰지 않는 것을 지적하는 고약한 내용의 이메일이었다. 하지만 팀원들이 보고서를 제때 내지 못한 데에는 다 이유가 있었다. 정보를 수집하는 시스템에 문제가 생겨 일이 지연되었던 것이다. 만약 그가 전화를 하거나 직접 얼굴을 마주 보고 의사소통했다면 팀원들의 피치 못할 사정을 바로 알 수 있었을 것이다. 그것도 모르고 팀원들에게 다짜고짜 질책을 한 탓에 한동안 팀 분위기가 많이 가라앉았다고 한다. 그일이 있고 난 후 팀원들을 대할 때면 아직도 불편함을 느낀다고 털어놓았다.

이메일은 의도치 않게 상대방의 오해를 불러일으킬 수 있는 도구다. 누군가와 이야기하는 것보다는 글로 의견을 전달하는 것이 편한 내향적인 사람에게는 이메일이 요긴한 장치이긴 하지만, 한편으로 인간관계를 단절시키고 틀어지게 만들 수 있는 장치이기도 하다. 왜냐하면 문제를 직접 맞닥뜨려 해결하기보다는 이메일을 이용해 우회적으로 전달하는 방법은 표현에 한계가 있기 때문이다. 얼굴을 마주하고 대화할 때는 상대에게 이야기가 통하지 않는다거나 상대가 오해를 하고 있다고 느껴지면 곧 바로잡을 수가 있지만 이메일이나 문자 메시지는 그렇지 않다. 그러니 뭐든지 문서로만 전달해서는 안 된다. 가급적 직접적인 대면을 통해 자신의 생각과 의견을 정확하게 전달하라. 훨씬 좋은 인상을 줄뿐 아니라 주의를 집중시키는 데에도 더 효과적이다.

문제를 알면 답이 보인다

지금까지 나눈 이야기들은 내향적인 사람이라면 누구나 한 번쯤은 해봤음직한 고민과 걱정일 것이다. 이따금은 벅차게 느껴질 수도 있지만, 당신은 이러한 장애물을 충분히 극복할 수 있고 또 극복하게 될 것이다. 미리 준비만 잘한다면 이러한 잠재적 장애물을 기회로 바꿀 수 있으며, 당신의 약점을 장점으로 만들 수 있다.

이제 문제점이 무엇인지 알았으니 다음 단계는 실질적인 조치를 취하는 것이다. 실용적인 도구를 이용해 이러한 문제점을 기회로 바꾸는 법에 대해 알아보자. 문제의 원인을 확실히 알면 자연스럽게 해결할 방법도 보인다.

지나치게 남의 눈을 의식하는 사람들을 위한 어드바이스

"세상은 당신이 어떻게 생각하든 상관하지 않는다. 세상이 당신한테 기대하는 것은, 당신 스스로 만족하다고 느끼기 전에 무엇인가를 성취해서 보여주는 것이다."

- 빌 게이츠

왜 성격은
바뀌지 않을까?

내향적인 성격을 바꾸어줄 마법 같은 것은 존재하지 않지만, 내향적인 성격으로 인해 겪는 문제점들을 해결하고 그것들을 기회로 바꾸기 위해 취할 수 있는 실질적인 방법들은 존재한다. 앞으로 제시할 방법들은 회사 업무에서 바로 써먹을 수 있는 아주 현실적인 로드맵이라 할 수 있다. 이것만 잘 활용하면 대인관계 스트레스, 경력 평가절하, '존재감'에 대한 갈증 등 많은 문제들을 해결해줄 것이다.

혹시 내향적인 직원들을 거느리고 있는 관리자라면 이것을 코칭 도구로 사용할 수 있으며, 내향적인 동료들과 좀 더 원활한 의사소통을 하길 원하는 직장인에게도 이 방법이 유용할 것이다.

이 프로세스는 당신의 발전 과정을 체크하고 효율적인 대인관계와 비효율적인 대인관계를 숙고하는 바로미터로 사용할 수도 있고, 앞으로 닥칠 상황에서 전과 다르게 행동하기 위한 계획을 세우는 데도 도움이 된다. 그러면 각 단계별로 어떤 목표와 전략을 가져야 하는지를 살펴보기로 하자. 내 고객들 및 나와 인터뷰를 한 사람들이 어떻게 자신 안에 있는 내향성을 인식하고 존중하여 그것을 유용한 도구로 이용했는지 그 예를 좀 더 들어보겠다.

모든 성장에는 준비가 필요하다

첫 번째 단계는 뭐니 뭐니 해도 준비다. 내향적인 사람은 미리 준비만 잘 해놓는다면 그 어떤 상황이 닥치더라도 거뜬히 헤쳐 나갈 수 있다. 내향인 특유의 꼼꼼함이나 세심함은 기획이나 관리 등의 업무에서 탁월한 장점이 된다. 그 중에서도 특히 대인관계나 커뮤니케이션에 대비하는 것이야말로 투자 대비 효과가 뛰어나다.

사람들은 흔히 '임기응변'으로 대화나 프레젠테이션에 임하며, 별다른 준비 없이도 까다로운 사람을 상대할 수 있다고 생각한다. 하지만 사실은 그렇지 않다. 영리한 전략가는 이 모든 것을 신중하게 준비한다. 프로젝트나 업무에 쏟아 붓는 관심과 집중력으로 대인관계 전략을 짠다면 이전과는 전혀 다른 세상이 펼쳐질 수도 있다. 준비를 '하고 안 하고'의 차이가 전혀 다른 결과를 낳는 것이다.

준비에 실패하는 것은 실패를 준비하는 것

혹시 어떤 질문이 나올지 예상하고 그에 대한 답변을 작성해 회의를 준비한 적이 있는가? 여러 가지 다른 표정과 발음, 제스처를 연습하면서 역할극을 해본 적은? 사전에 회의 자료를 충분히 검토한 적은? 그렇게 만반의 준비를 하고 회의장에 들어간다면 최상의 기량을 발휘할 수 있었을 것이다. 미처 예상하지 못한 질문을 받더라도 사전에 검토한 여러 가지 자료들을 바탕으로 탄탄한 답변을 이끌어낼 수 있었을 것이다. 미리 자료를 검토하고 준비한 것만으로도 자신감이 생기고 여유로운 태도를 취할 수 있기 때문이다.

나는 그동안 성공한 내향적인 리더들과 이야기를 나누며 수많은 사례를 수집했는데, 그들은 전부 준비성이 철저하다는 공통점이 있었다. 이에 관한 사례들은 이 책 전반에 걸쳐 소개해두었으므로, 일단 여기서는 간단한 사례 두 가지를 소개하겠다.

어느 홍보업계의 젊은 리더는 프레젠테이션을 하기 전 느끼는 불안감을 덜어주는 완충제로 프레젠테이션에서 사용할 구체적인 문구들을 포함해 대량의 메모를 준비한다고 했다. 미리 이렇게 메모를 적어놓으면 아래를 흘끗 보기만 해도 문단 전체를 떠올릴 수 있으며, 사람들 앞에 서서 떨지 않고 핵심을 이야기할 수 있다고 말한다.

IT업계 리더인 제임스 슈레이더는 최근 중요한 사교 행사에 참가하게 되었다. 그는 행사가 열리기 전 좌석 배치도를 입수해 대규모 칵테일 파티에서 그가 타깃으로 삼을 만한 주요 고객들을 진지하게 연구했다. 이렇게 만반의 준비를 한 덕분에 불안감을 누그러뜨릴 수 있었으며, 동시에 커다란 거래처를 확보할 수 있었다.

자신의 분야에서 크게 인정받는 교수였던 프레드 오트 박사는 굉장히 내향적인 사람이었다. 이 책을 쓰기 위해 박사의 미망인인 제니퍼 부시와 이야기를 나누면서, 오트 박사의 대인관계 노하우를 한 가지 배울 수 있었다. 언제라도 꺼낼 수 있도록 이야깃거리를 넉넉히 준비했다는 것이다. 대화가 멈추면 소매 안에 감춰둔 끝없는 질문들을 꺼내고 상대방으로 하여금 지루할 틈을 주지 않았다고 한다.

준비란 다름 아닌 전략을 마련한다는 뜻이다. 예기치 못한 사태를 대비해 꼭 준비해야 하는 것이 바로 전략이다. 단, 전략을 세우기 전에 반드시 고려하고 숙지해야 할 부분이 있다. 바로 핵심목표가 무엇인지를 확실히 하는 것이다. 목표가 분명해야 무엇에 집중해야 할지 알 수 있고 행동 또한 분명해진다. 자신의 목표를 세우고, 전략을 마련해서 차근차근 적용하다 보면 모든 것을 효과적으로 소화해낼 수 있을 것이다.

가장 중요한 능력은
자기 표현력이다

만반의 준비를 마쳤다면 이제 존재감을 드러낼 타이밍이다. 나라는 존재를 지키며 나만의 룰을 갖고 일하는 사람일수록 직장에서 인정받는 경우가 많다. 당신은 직장에서 어떤 존재감을 갖고 있는가? 이렇다 할 존재감이 없어서 지금 고민인가? 그렇다면 소리 없이 강력하게 당신의 존재를 드러내 보임으로써 당신이 가진 장점을 극대화하는 것이 필요하다.

사전을 찾아보면 존재감은 '다른 사람들의 주목, 특히 존경 어린 주목을 받는 입장'이라고 정의되어 있다. 특히 리더가 자신의 리더십을 보여주는 최선의 방법 중 하나는 존재감을 보여주는 것이다.

친구 한 명이 존경하는 리더에 대해 이런 말을 남긴 적이 있다. "그 사람은 나와 있을 때는 온전히 나에게만 집중해서 좋아."

진심은 통한다, 그 누구에게든
훌륭한 경청이란 상대에게 집중함으로써 그가 말하는 바를 진정으로 이해하려고 노력하는 것이다. 내향적인 사람이 특히 잘할 수 있는 것 중 하나가 바로 이것이다. 내향적인 사람은 처음에는 낯을 많이 가리지만 한번 친해지면 오래가고 깊은 관계가 되는 경우가 많다. 관계의 양보다는 질을 추구하기 때문이다.

상대방으로 하여금 그 사람에게만 온전히 집중한다는 생각을 심어주면, 의외로 좋은 결과를 얻을 수 있다. 무심하고 남들과 어울릴 줄 모르는 사람이 아닌, 상냥하고 진실한 사람으로 비춰질 수 있다. 다른 사람이 당신을 오해하거나 잘못 이해할 가능성도 줄어든다.

이와 비슷한 예로, 최근에 만난 어느 기업의 COO(Chief Operating Officer: 최고 운영 책임자)의 경우를 들 수 있다. 솔직히 말하자면 나는 당시에 잔뜩 긴장하고 있었다. 그녀는 나보다 직급이 서너 단계는 더 높을뿐더러 업계에서도 꽤 영향력이 있는 인물이었기 때문이다. 게다가 당시 나는 그 회사와 대형 프로젝트를 눈앞에 두고 있어, 그녀에게 좋은 인상을 심어주고 싶은 마음이 컸다.

회의가 시작되길 기다리면서 그녀와 이야기를 나누는 순간 나는 마음이 편안해졌다. 그녀가 내 눈을 똑바로 바라보고 내게 큰 관심을 보이며 진심 어린 질문들을 던진 것이다. 주변에는 나보다 중요한 고위급 인사들이 많았지만, 그 순간은 마치 그 회의실에 나 혼자뿐인 것 같은 기분이 들었다. 그녀는 내게만 온전히 집중해주었다. 나는 그녀와 처음으로 나눈 그 대화가 아직도 기억에 생생하다. 그 후에 만났을 때에도 그녀는 내가 무엇이 필요한 지를 이해하려 하고 적절한 조언을 해주는 등 리더로서 진정한 존재감을 보여주었다. 그러한 그녀의 태도 덕분에 나는 업무에 최선을 다하고자 하는 동기를 부여받았다.

"당신이 정직함을 보여주고 신용을 지키고 당신의 진실한 모습을 보인다면 직원들은 당신을 신뢰할 것이다." 잭 웰치의 말이다.

GE를 이끌었던 전설적인 경영자 잭 웰치는 성공하는 리더가 되려면 무엇보다 직원들의 마음을 얻는 것이 중요하다고 말했다. 이 말에는 리더십의 핵심, 즉 성실성, 진정성, 그리고 비전이라는 본질이 담겨 있다. 그리고 존재감은 이러한 진실한 모습을 통해 드러나기 마련이다.

영화 〈행복을 찾아서 The Pursuit of Happyness〉[1]에서 윌 스미스가 연기한 노숙자 주인공 크리스 가드너가 누더기 옷을 입고 주식 중개인 인턴 면접을 보러 들어가는 장면을 떠올려보자. 흑인에 고졸 출신인 그는 내세울 만한 학벌도 경력도 남다른 전문지식도 갖추지 못했다. 더군다나 면접 전날 체납 벌금으로 인해 하룻밤을 감옥에서 보내고 온 터라 추레한 차림으로 나타날 수밖에 없었다. 하지만 자신의 현재 상황을 회피하지도 않고, 가식적인 모습으로 꾸미지도 않았다. 대신에 자신의 진심을 담아 솔직하게 이야기했다. 그가 면접관과 나눈 인상적인 대화를 한번 살펴보자.

크리스: "전 이런 부류의 사람입니다. 당신이 질문을 던졌을 때 모르면 전 모른다고 답할 겁니다. 하지만 단언할 수 있는 건 전 답을 찾는 법을 알고 있고 반드시 답을 찾아내고야 말 겁니다. 그걸로 충분하겠지요?"

면접관: "크리스, 자네라면 인터뷰에 셔츠도 안 입고 온 녀석한테 뭐라고 할 건가. 그리고 내가 그를 고용한다면 자네는 뭐라 할 건가?"

크리스: "'속옷은 진짜 멋진 걸 입고 왔나 보군.' 그렇게 말하겠죠."

시작을 두려워 말고
하다 중단하는 것을 두려워하라

19세기 미국의 시대정신을 대변하는 사상가인 랄프 왈도 에머슨은 "두려운 일을 하라. 그것이 두려움을 없애는 가장 확실한 방법이다."라는 명문장을 남겼다. 대통령 취임 연설에서 프랭클린 루스벨트는 "우리가 두려워해야 하는 유일한 것은 두려움 그 자체입니다."라고 말했다. 이처럼 두려움을 극복하고 떨쳐버리라고 종용하는 글은 수도 없이 많다. 사실 말이 쉽지 실제로 실천하기는 매우 힘들다. 실천했다 하더라도 결과에 만족하지 못할 가능성도 크다. 그럼에도 이러한 노력을 포기할 수 없는 것은 '나라는 존재'의 가능성을 찾아야 하기 때문이다. "이 세상에서 내가 더 할 수 있는 일이 있는지 알고 싶다."고 말한 어느 리더처럼 말이다.

기회는 언젠가 온다, 당신이 도망가지만 않는다면

뭔가 새로운 것을 시도해야만 발전이 있다. 두려움을 떨치고 앞으로 나아가야 여러 가지 기술을 개발할 수 있고 그것을 완전한 내 것으로 만들 수 있다.

일단 경쟁 프레젠테이션이 되었든 고객과 골치 아픈 대화를 나누는 것이 되었든, 기존의 틀에서 벗어나야 하는 '상황에 처하는 것'이 중요하다. 이렇게 밀어붙여야만 중요한 기회를 손에 넣을 수 있고, 경력을 더 발전시킬 수도 있다.

내가 아는 한 내향적인 직장인은 참석하는 칵테일 파티에서 30분 내에 명함 20개를 수집하라는 코치가 내준 도전 과제를 수행하기 위해 스스로를 밀어붙였다. 처음에는 어쩔 수 없이 시작한 일이었지만 연습을 게을리하지 않았던 그는 결국 조직 내에서 최고의 인맥 전문가가 되었다.

결국 연습만이 살 길이다. 위대한 챔피언들도 매일같이 연습을 반복한다. 아무리 천부적 자질을 가지고 태어났더라도 연습에 연습을 거듭한다.

당신도 이렇게 연습을 해야 상황에 따라 접근법과 태도를 재조정하는 능력을 기를 수 있다. 메시지를 전달하는 여러 가지 방법들을 실험해보며 실력을 발전시킬 수 있다. 또 연습을 하면 새롭게 익힌 기술의 사용법에 능숙해져 완전한 당신의 것으로 만들 수 있다.

당신이 오른손잡이라고 생각해보자. 그런데 오른손을 다쳤다면 일상생활을 하기 위해 어쩔 수 없이 왼손을 사용해야 할 것이다. 처음에는 어색하고 불편하겠지만 어느 정도 시간이 지나면 그럭저럭 생활해나갈 수 있을 정도가 될 것이다. 마찬가지로 직장에서 평소와 다른 태도나 행동을 보일 때 처음에는 어색하게 느껴질 것이다. 하지만 의식적으로 반복하다 보면 몸에 밴 습관처럼 자연스러워질 것이다. 그리고 어느 날 발견하게 될 것이다. 어느새 변화된 자신을.

시작이 두려운 사람들을 위한 어드바이스

"나무를 베는 데 한 시간이 주어진다면, 도끼를 가는 데 45분을 쓰겠다."
– 에이브러햄 링컨

나를 빛내주는 전략은
따로 있다?

손은 남들보다 빠르게 팀장으로 승진한 것이 기뻤다. 승진하고
몇 주간은 업무도 수월했다. 다들 그의 등을 토닥이며 축하해주
었지만 그 외에는 별로 달라진 것이 없었다. 여전히 실무에 시달
리며 고객의 니즈를 충족시키는 제품이나 서비스를 제작하기 위
해서 고군분투하는 나날이 계속되었다.

하루는 손의 상사가 그의 사무실에 찾아와 그가 새로운 직위에
어울리는 업무를 수행하지 못하고 있다며 우려를 표했다. 그러고
는 손에게 새로운 역할을 맡았으니 어떠한 기대에 부응해야 하는
지를 간단하게 코치해주었다. 실무 차원에서 리더로 변화했으니
팀원들에게 동기를 부여하고 높은 실적을 이끌어내야 하며, 담당

하는 업무에서 그가 이끄는 사람들로 초점을 바꾸어야 한다고 조언했다.

서너 달 동안 숀은 "기존의 역할에서 벗어나는 법"을 익혔고, 팀과 경영진의 니즈에 대응하는 데 더 많은 시간을 투자했다. 그리고 새로운 도전 과제를 완수하기 위해 과거의 조용한 태도를 유지하면서도 거기에 약간의 변형을 가했다. 이렇게 훈련 과정을 거친 덕분에 숀은 훌륭한 관리자로 거듭날 수 있었다. 그는 상사에게 고마움을 느끼며, 자신이 상사로부터 그렇게까지 응원 받고 있다는 사실에 의욕적인 모습을 보였다.

누군가의 변함없는 지지와 격려를 인식하는 순간 자신도 몰랐던 능력을 발휘하게 된다. 익숙한 환경과 습관에서 벗어나 새로운 역할을 맡다보면 또 다른 결정적인 기회를 얻기도 한다.

새로운 업무에 도전하다가 자신도 몰랐던 능력을 발견한 적이 있는가? 이런 일은 내향적인 사람들에게서 자주 발생한다. 내향적인 사람들은 승진이니 출세니 하는 것에 목매지 않는다. 성공을 목표로 하기보다는 자신의 업무 속에서 재미를 느끼며 성장하는 것 자체가 즐거울 따름이다. 이들은 자신을 유능한 인재나 다른 이들에게 깊은 영향력을 발휘할 수 있는 사람이라고는 생각하지 않는다.

하지만 기회가 오면 내향적인 사람들은 말만 많고 실행되는 것은 하나도 없는 사람들보다도 더 확실한 능력을 발휘한다. 그리고 이러한 태도를 주변 사람들에게 전파해, 부서가 기대를 넘어서는 결과를 내고 궁극적으로는 회사가 큰 성과를 얻는 발판을 마련한다.

100퍼센트 외향인도
100퍼센트 내향인도 없다

인간 행동에 관해 연구하는 전문가들은 우리의 기질은 유전자와 환경의 영향이 뒤섞여 형성되는 것이라 결론을 내리고 있다. 행동 유전학자들의 주장에 따르면 인간 행동의 30~50퍼센트는 유전자 탓이고, 나머지 50~70퍼센트는 환경 탓이다. 중요한 것은 선천적인 것이냐, 후천적인 것이냐가 아니라 이 두 가지 요소가 어떻게 상호작용하느냐다. 당신은 어떤가? 자신이 어떤 유형인지 잘 모르겠다면 다음의 질문들에 답해보자. 당신이 외향성인지 내향성인지 판별하는 데 기준이 되어줄 것이다. 단, 성향이란 일찍이 심리학자 칼 융이 말했듯, 완전히 외향적인 사람도, 완전히 내향적인 사람도 없다. 다만 정도의 차이가 있을 뿐이다. 자신의 성향이 어떠한지 생각해보면 앞으로 이 책을 읽으며 당신이 중점을 두어야 할 부분들을 파악하는 데 도움이 될 것이다.

| 표2 | 성향 점검하기

직장에서 자신의 모습이 어떤지 판단에 해당되는 것에 동그라미를 해보자(단, 자신을 너무 엄격하게 판단하거나 너무 무르게 판단하지 않도록 주의할 것!).

㉮ 매우 그렇다　　　㉯ 그렇다　　　㉰ 그렇지 않다
㉱ 매우 그렇지 않다　　㉲ 해당 사항 없음

1. 대중 앞에서 말하기

① 프레젠테이션에서 발표할 이야기와 예시들을 미리 준비한다.
㉮ ㉯ ㉰ ㉱ ㉲

② 프레젠테이션을 하기 전에 실제로 프레젠테이션을 하는 것처럼 소리 내어 리허설을 한다.　　㉮ ㉯ ㉰ ㉱ ㉲

③ 최대한의 효과를 내기 위해 목소리를 활용한다.　㉮ ㉯ ㉰ ㉱ ㉲

④ 나는 연습 삼아 사람들 앞에서 연설할 기회가 오면 그 기회를 놓치지 않는다.　　㉮ ㉯ ㉰ ㉱ ㉲

2. 관리하기와 이끌기

① 실무와 관리의 균형을 적절히 유지한다.　　㉮ ㉯ ㉰ ㉱ ㉲

② 관리자 역할을 수행할 때 직원 개개인의 커뮤니케이션 스타일을 고려한다.　　㉮ ㉯ ㉰ ㉱ ㉲

③ 현재에 온전히 집중하며 상대방의 말에 귀를 기울인다.
㉮ ㉯ ㉰ ㉱ ㉲

④ 필요하다면 팀 내에서 갈등이 표면으로 표출되게 내버려둔다.
㉮ ㉯ ㉰ ㉱ ㉲

3. 프로젝트 이끌기

① 프로젝트 멤버들과 신뢰를 쌓기 위한 시간을 보낸다.

⑦ ⓝ ⓓ ⓡ ⓜ

② 프로젝트에서 내가 기대하는 바가 무엇인지 팀원들에게 분명히 알린다.

⑦ ⓝ ⓓ ⓡ ⓜ

③ 프로젝트를 수행한 공로를 팀원들과 나눈다. ⑦ ⓝ ⓓ ⓡ ⓜ

④ 프로젝트에 독창성과 팀워크를 자극하기 위해 유머를 활용한다.

⑦ ⓝ ⓓ ⓡ ⓜ

4. 상사 관리하기

① 정기적으로 상사와 만난다. ⑦ ⓝ ⓓ ⓡ ⓜ

② 상사에게 역할과 목표에 대한 질문을 자주 던진다. ⑦ ⓝ ⓓ ⓡ ⓜ

③ 상사에게 문제점과 잠재적인 해결책을 제시한다. ⑦ ⓝ ⓓ ⓡ ⓜ

④ 상사와 피드백을 주고받는다. ⑦ ⓝ ⓓ ⓡ ⓜ

5. 회의하기

① 내가 주관하는 회의의 의제를 미리 준비하며, 다른 사람이 주관하는 회의에 초대를 받을 때는 미리 의제를 알려달라고 부탁한다.

⑦ ⓝ ⓓ ⓡ ⓜ

② 회의 때 '골목대장들'을 다루는 비결이 몇 가지 있다. ⑦ ⓝ ⓓ ⓡ ⓜ

③ 할 말이 있을 때는 나서서 이야기한다. ⑦ ⓝ ⓓ ⓡ ⓜ

④ 참가자들을 회의에 참가시키기 위해 다양한 커뮤니케이션을 구사한다.

⑦ ⓝ ⓓ ⓡ ⓜ

6. 인맥 쌓기

① 인맥을 쌓기 위해 무엇을 해야 하는지 알고 있다. ⑦ ⓝ ⓓ ⓡ ⓜ

② 인맥을 쌓기 위해 여러 가지 인맥 쌓기 기술을 활용한다.

⑦ ⓝ ⓓ ⓡ ⓜ

③ 중요한 대화와 사소한 대화 모두에 참여한다. ㉮ ㉯ ㉰ ㉱ ㉲

④ 속한 조직의 안팎에서 사람들이 내 가치를 알아준다.

㉮ ㉯ ㉰ ㉱ ㉲

당신의 답변을 검토해보자. 이 테스트 결과로 점수를 내는 것은 아니니 안심해도 좋다. 중요한 것은 패턴이다. 다음의 세 단계를 따라보자.

1단계: ㉰그렇지 않다와 ㉲매우 그렇지 않다라고 답한 항목에 전부 동그라미를 친다. 그런 다음 그중 네 개를 68쪽의 〈표 3〉에 적어 넣는다. 한 카테고리에 항목이 몰려 있을 수도 있고 여러 가지 카테고리에 걸쳐 있을 수도 있다. 이 페이지에 포스트잇을 한 장 붙여 놓고 앞으로 책을 읽어 나가면서 자주 참조하도록 하자. 이러한 개선 분야 혹은 약점을 유심히 살핀다면 구체적인 해결책들을 찾을 수 있고 이 책을 좀 더 유용하게 활용할 수 있을 것이다. 물론 각 리더십 분야에서 성공하기 위해서는 모든 방법을 익혀야 하지만, 부족한 분야에는 특별히 더 관심을 기울여야 한다.

2단계: 상사와 동료들에게 피드백을 요청하고, 당신이 속한 조직에서 더 중요하게 생각하는 분야가 무엇인지 알아보고, 그 분야를 개발하는 것을 우선순위로 삼는다. 당신이 이 분야에서 어떻게 대처하고 있는지 상사들이나 동료들의 피드백을 받아보면 도움이 된다.

3단계: 당신의 장점을 잊지 마라. 잘하지 못하는 것에만 너무 집중하다 보면, 이미 잘 처리하고 있는 분야가 있다는 사실을 잊어버리는 경우가 많다. 당신이 장점은 무엇인가? ㉮매우 그렇다와 ㉯그렇다라고 답한 질문에 모두 동그라미를 치고, 적어도 그 중 네 개를 오른쪽의 〈표 4〉에 적어보자.

당신은 이러한 장점을 어떻게 이용하고 있는가? 예를 들어 당신이 다른 사람들과 공로를 나누는 것을 (3번의 ③항) 잘한다면, 또 다른 업무 현장에서도 그 장점을 발휘할 수 있는가? 이미 잘하고 있다면, 그 장점을 활용해 한층 더 효율적인 리더가 되는 것이 좋지 않겠는가? 이 책을 읽어 나가면서 더 많은 사례들을 찾아보고 다른 사람들은 기존의 장점들을 어떻게 활용했는지 그 방법을 배워보자.

| 표3 | 약점 도표

그렇지 않다	매우 그렇지 않다

| 표4 | 장점 도표

그렇지 않다	매우 그렇지 않다

보다 정확한 테스트를 위해 상사, 동료, 친구, 가족의 도움도 받아보자. 당신을 가장 잘 알고 있는 주변 사람들이 당신을 어떻게 생각하는지 물어보고 그것을 활용하여 자신을 평가해보라. 이는 객관적인 시각에서 자기 자신을 정확히 파악하는 데 매우 유효할 것이다.

다음 장에는 이 테스트의 내용을 차례로 나열하며, 업무별로 적용할 수 있는 다양한 기술과 팁을 소개하고 있다. 처음에는 어색하고 어렵게 느껴질 수 있지만 점점 익숙해질 것이다. 실제 업무에서 필요할 때마다 들춰보면서 참조해보는 것도 좋다. 이 책에서 배운 것들이 당신의 일상이나 직장생활에 즐거움과 변화를 가져다주는 데 도움이 되길 바란다.

"재능은 조용함 속에서 만들어지고, 성격은 세상의 거친 파도 속에서 만들어진다."

-괴테

내성적인 당신이
상처 없이 직장생활 하는 법

2부

I am Introverted!
So What?

조근조근 그러면서도
할 말은 확실하게

때는 2000년도였다. 연말 결산 보고를 앞둔 재무 담당 부사장인 수잔은 땀을 비 오듯 흘리고 있었다. 이사회에서 발표하는 일은 심적 부담이 상당히 컸다. 수잔은 연단에 올라서기도 전에 구역질이 나기 시작했다. 땀에 젖은 양손을 꼭 쥐고 숨을 가파르게 내쉬며 파워포인트 슬라이드를 연이어 설명했다. 약 20분에 걸친 실적 보고가 끝나고, 수잔은 기진맥진하여 가까스로 연단에서 내려왔다.

이번에는 시간을 훌쩍 뛰어넘어 2007년도로 가보자. 새로운 이사진이 회의장을 꽉 채운 채 보고를 기다리고 있었다. 음향팀이 마이크를 조정하자, 수잔은 연단 앞으로 나와 청중을 차분히 지켜보며 살며시 미소를 지었다. 이제 공포로 얼어붙는 일은 발생하지 않았다.

수잔은 용기를 내어 **토스트마스터 클럽**(미국에서 시작된 스피치 동호회로서, 대중 연설을 두려워하는 사람들을 돕기 위해서 만들어진 비영리 모임)에 등록했고 3년간 꾸준히 참여했다. 반복과 연습을 통해 수많은 돌발 상황에 대처하는 감각을 익혔다. 이렇게 배운 기술과 자신감을 업무에 적용했고, 사람들 앞에서 이야기할 때 아무런 두려움 없이 그 행동을 즐길 수 있게 되었다. 덕분에 경력 발전에 커다란 장애물이 될 수 있었던 약점을 극복할 수 있었다.

사람들 앞에서 말하는 것이 두려웠던 사람은 또 있다. '투자의 귀재'이자 '오마하의 현인'이라 불리는 워런 버핏이다.

"저는 대중 연설에 대한 공포가 대단했습니다. 결국 100달러를 투자해서 데일 카네기 코스를 수료했고, 이후 남들 앞에서 말을 잘할 수 있을 뿐 아니라, 말을 멈출 수가 없었습니다. 100달러 이상의 값어치를 충분히 했다고 봅니다."[*1]

수줍음이 많고 사교성이 부족했던 그는 데일 카네기 코스에서 인간관계, 커뮤니케이션 스킬을 체계적으로 배웠다고 한다. "여태까지 자신이 받은 '학위' 중에서 이 수료증이 가장 값진 것"이라고 말하며, 그 수료증을 사무실 벽에 직접 걸어 놓기까지 했다.

워런 버핏은 사람들 앞에서 연설하는 것이 최고의 자산이 될 수도 있고 최악의 골칫거리가 될 수도 있다고 했다. 당신도 앞서 소개된 수잔이나 워런 버핏과 같은 기분을 느껴본 적이 있는가, 아니면 사람들 앞에서 얼마든지 당당하게 당신의 의견을 말하고 프레젠테이션을 할 수 있는가? 아마도 대부분은 그 중간쯤일 것이다. 발표라는 건 언제나 떨리기 마련이다.

내 수업을 듣는 내향인들은 자리에서 일어나서 자기소개를 하는 것에도 긴장한다. 그룹 앞에 나서서 발표해달라고 하면 처음 몇 번은 목소리가 떨리고 손이 떨린다. 하지만 워런 버핏이 말했듯이 다양한 상황에서 의견을 조리 있게 말한다면 당신의 경력을 발전시킬 수 있다.

내향인이라고 해서 달변가가 될 수 없는 것은 아니다. 배우가 역할에 몰두하듯, 당신도 맡은 역할을 훌륭하게 수행할 수 있다. 당신이 리더이건 팀원이건 간에 커뮤니케이션은 필수다. 사람들이 당신과 이야기를 나누고, 또 서로 간에 이야기를 나누도록 자극해야 한다. 지식, 정보, 경험, 문제의식을 다른 사람들과 공유해야 한다. 해결해야 할 업무나 문제점을 제시하고, 당신의 아이디어를 내놓거나 일의 진행 상황을 상사에게 보고할 수 있어야 한다. 그리고 이 모든 것을 제대로 하려면 실제적인 연습이 필요하다. 그 밖에 다른 특별한 방법은 없다. 무조건 따라 해보는 것보다 더 효과적인 것은 없다. 나이키의 광고 슬로건인 '저스트 두 잇Just do it' 정신에 따라 일단 과감하게 시도해보는 것이 발표를 포함한 모든 말하기의 성공 법칙 중 하나다.

전설적인 세일즈맨 리처드 엘머스는 "내일 연설은 오늘 연설보다 훨씬 더 나을 것"이라고 말했다. 희망을 잃지 않고 내일은 오늘보다 더 나을 거라고 믿고 노력하면 안 되는 것이 없다. 공포심에 얼어붙어 기회를 놓치기에는 인생이 너무 짧다. 자신을 표현할 수 있는 좋은 기회를 왜 스스로 포기하는가?

공감을 얻는 대화의 기술

처음 기업 트레이너 일을 시작했을 때, 난 매일같이 프레젠테이션 준비에 매달렸다. 자료를 연구하고 예상 질문을 모조리 뽑아 보는 등 만반의 준비를 갖추고 회의장에 들어섰다. 물론 나는 자료 내용을 완전히 습득했지만 프레젠테이션에서 발생할 모든 상황과 모든 질문을 완벽하게 예상할 수는 없었다. 프레젠테이션을 앞두고 초조해하던 어느 날, 같은 팀이었던 커뮤니케이션 코칭 전문가가 "제니퍼, 당신은 이 자료를 완전히 숙지했어요. 그러니 편안하게 이 순간을 즐겨 봐요." 하고 상냥하게 말했다. 그 후로 몇 년간 그 말이 뇌리에 박혀 사라지지 않았다. 당당하고 자신감 있는 태도로 여유를 가지면 보는 이에게 신뢰감을 줄 수 있다는 것을 그때 깨달았던 것이다. 자료를 준비하는 것도 중요하지만, 그보다 더 중요한 것은 태도라는 사실을 말이다.

말의 목적을 정확히 파악하라

만약 중요한 프레젠테이션을 앞두고 있다면 우선 목적이 무엇인지부터 알아야 한다. 즉, 당신이 준비하는 발표의 목적을 알아야 한다. 청중에게 정보를 알려주는 것인가, 청중을 설득하는 것인가, 청중을 교육하는 것인가, 아니면 청중에게 동기를 부여하는 것인가? 당신은 청중이 무엇을 얻어 가길 원하는가? 왜 청중이 당신의 말에 귀를 기울여야 하는가? 그 중에서 당신이 강조하고 싶은 세 가지 주안점은 무엇인가? 이러한 주안점에 중점을 두고 다양한 예시들을 활용하자.

너무 많은 주안점을 늘어놓으면 청중이 듣기에 버겁다. 청중이 무엇을 기억하길 원하는가? 이 점을 앞으로 할 이야기의 기본 골격으로 삼아야 한다. 내향적인 당신은 자기성찰을 좋아하는 성격이므로, 그 성격을 살려 프레젠테이션 준비를 하기 전에 목적이 무엇인지 생각해보자. 만반의 준비를 갖춘다면 청중 앞에 나서는 데 자신감을 가질 수 있다.

내가 아는 많은 내향적인 직장인들은 무대에 나갔을 때 너무 편안해보여서 사람들이 자신이 내향인이라는 사실을 믿지 않는다고 했다. 이들이 편안하게 발표를 할 수 있었던 비결은 다름 아닌 만반의 준비 때문이었다.

이야기의 힘은 세다

그 다음 중요한 것이 스토리텔링이다. 사례에는 사람들의 마음을 사로잡는 힘이 있다. 동기부여 연설가든 회사 CEO이든 혹은 유명 인사든 자신의 경험담을 공유해 청중을 사로잡는 연설을 하는 것을 본 적이 있을 것이다. 개인적인 이야기를 활용하는 것은 상대방의 호기심을 불러일으키는 데 더없이 좋다. 또 좋은 점은 추상적인 설명보다 더 이해하기 쉽고 더 오래 기억할 수 있다는 것이다. 스토리텔링은 슬라이드를 줄줄 읽는 것보다 훨씬 더 효과적으로 당신이 전달하고자 하는 요점을 청중에게 전달해준다.

스토리텔링은 단순히 발표나 스피치, 프레젠테이션을 하는 데만 쓰이는 게 아니다. 스토리텔링은 늘어지는 프로젝트를 붙들고 있는 팀원들에게 동기를 부여하는 데 사용할 수도 있고, 고객들이 당신의 제품을 구매하도록 설득하는 데 사용할 수도 있다. 오늘날 스토리텔링은 전달의 기술이자 창작의 핵심 요소로 작용한다. 왜 요즘 사람들은 이렇게 이야기에 감동하는 것일까?

스토리텔링 전문가인 아네트 시먼스는 이렇게 말했다.

"커뮤니케이션을 한입 크기로 귀에 쏙쏙 들어오게 만들다보니 커뮤니케이션은 지나치게 단순해지고 짧아지고 가벼워졌다. 그로 인해 인간적인 교감을 흐려버리는 경우가 발생하는 것이다. 커뮤니케이션에 말하는 사람의 뚜렷한 개성을 불어넣지 않는다면 진정성을 느낄 수가 없다. 반면, 스토리텔링에는 인간적인 관심을 끌 만한 이야기가 많이 담겨 있다. 이 이야기에 사람들은 자연스럽게 마음의 문을 연다. 사람들은 상대방의 본래 모습을 알고 싶어 하기 때문이다. 포장하고 꾸민 당신이 아닌 진정한 당신을 말이다."[2]

커뮤니케이션이 실패로 돌아간다면 거기에 '인간성'이란 요소가 빠졌기 때문이다. 이것은 쉽게 바로잡을 수 있다. 당신이 보내는 모든 커뮤니케이션에 '인간성'을 불어넣으려면, 더 많은 스토리텔링을 하면 된다. 그러면 당신의 본모습이 나타나기 마련이다. 당신의 커뮤니케이션에도 인간적인 면모가 드러날 것이다.

우리 모두가 타고난 이야기꾼은 아니지만 훌륭한 스토리텔링 기법을 배울 수는 있다. 우리 주변에는 미디어, 책, 영화, 텔레비전 등 이야깃거리가 수도 없이 많다. 하지만 나는 가장 효과적인 이야기는 우리의 경험에서 우러나온 것이라고 생각한다. 특히 자신의 '약점'을 드러내면 더욱 효과적이다. 이렇게 할 경우 청중과 교감할 수 있다.

나는 청중에게 '경청'의 중요성을 강조할 때 다음의 이야기를 들려준다.

몇 년 전 나는 가족들과 함께 급류 래프팅을 하러 간 적이 있다. 그때 내 남편 빌이 보트에서 떨어졌는데 하마터면 그대로 익사할 뻔했다. 신속히 구조를 해야 했는데, 나는 어쩔 줄 몰라 우왕좌왕하고 있었다. 래프팅을 하기 전에 꽁지머리를 한 가이드의 말을 대충 흘려들은 탓에 뭘 어떻게 해야 할지 몰랐다.

당시에는 정말 끔찍한 순간들이었지만, 시간이 점차 지나고 상황을 되짚어보면서 한 가지 교훈을 얻을 수 있었다. 다른 사람의 말을 경청하는 것이 자신에게 얼마나 도움이 되는지를 깨닫게 된 것이다. 그 깨달음을 강연에 접목시키자 사람들이 공감할 만한 이야깃거리가 되었다.

당신도 할 수 있다. 당신이 전달하고 싶은 이야기의 요점은 무엇인가? 당시 어떤 일이 벌어졌는가? 당시 맡았던 냄새, 보았던 풍경, 들었던 소리까지 생생하게 전달하자. 이렇게 하면 청중이 당신의 이야기에 몰입할 수 있다.

나는 지금도 스토리텔링에 열성적이어서 작은 수첩을 항상 가지고 다니며 그날 있었던 일과 관찰한 것들을 적어놓는다. 눈을 크게 뜨고 주위를 둘러보면 당신도 발견할 수 있을 것이다. 풍성한 이야깃거리는 개인적 경험에서 나온다. 사람들은 개인적인 이야기에 더 크게 반응한다는 사실을 잊지 마라.

파워포인트가 프레젠테이션의 전부가 아니다

파워포인트 작성에만 너무 열을 올리지 마라. 파워포인트가 훌륭한 도구이긴 하지만, 너무 많은 사람들이 파워포인트를 남용하고 파워포인트에 지나치게 의존하고 있다. 슬라이드에 주르륵 중요 항목들을 나열해놓고, 청중이 읽을 수도 있는 것을 굳이 발표자가 고스란히 읽어주기만 하는 방식은 사람들의 관심을 끌지 못한다.

캐나다 델컴퓨터의 마케팅부 관리자인 케빈 스미스는 파워포인트의 폐해를 다음과 같이 잘 요약해주었다.

"청중은 전문가가 어떤 문제점을 해결하는 방법을 이야기해주길 바라는 것이지. 파워포인트의 슬라이드를 줄줄 읽는 '파워포인트 낭송'을 하길 원하는 것이 아니다."

파워포인트 대신 사진이나 다른 이미지들, 질문, 키워드, 오디오 등을 이용해 이야기를 강조해보자. 굳이 파워포인트를 사용하길 원한다면, 청중으로 하여금 개요가 적힌 유인물에 필기를 하도록 하고 온라인에 나머지 자료를 올려 그것을 참고하도록 만들어라. 강연장에서 무수한 정보를 늘어놓는다 해도 청중은 다 기억하지 못한다. 또 너무 많은 정보는 듣는 사람에게 지루함과 산만함을 안겨주기 쉽다.

프레젠테이션의 슬라이드로는 세 가지 주안점만 보여주는 것이 좋다. 슬라이드 한 장에 너무 많은 정보를 담지 말고 항목별로 세분하여 구성 정보를 시각화하라. 그래야 한눈에 알아볼 수 있고 이해하기도 쉽다. 한 가지 팁을 더 말하자면, 청중이 이야기를 들으면서 자신에게 중요하다고 생각하는 점들을 적게 하는 것이다. 필기를 한다는 것은 손가락을 사용해야 하는 행위이므로 뇌가 골고루 자극될 수밖에 없다. 이런 능동적 행위가 기억에도 오래 남는 법이다. 잡지 만화란처럼 청중에게 말풍선에 들어갈 말을 만들어보라고 요청해볼 수도 있다. 이렇게 청중과 교감을 나눈다면 프레젠테이션에서 당신이 원하는 효과를 얻는 데 도움이 된다.

마음을 사로잡는 프레젠테이션의 비밀

대중 앞에서 말하는 것을 두려워하는 것은 내향적인 사람들뿐만이 아니다. 내성적인 사람이나 외향적인 사람이나 모두 긴장하는 것은 다 비슷하다. 물론 성격에 따라 긴장의 정도는 차이가 있겠지만 준비하는 사람과 그렇지 못한 사람 사이에는 더 큰 차이가 있다.

외향적인 사람들은 타인과의 대화를 좀 더 편안히 나눌 수 있기 때문에 무대에 나가서도 그러한 대화 기술이 통할 거고 막연하게 생각하는 경향이 있다. 하지만 여러 사람 앞에서 이야기할 때는 다른 기술이 필요하다. 예를 들어 일대일의 커뮤니케이션에서는 경청이 중요하지만 일 대 다수의 일방향적인 커뮤니케이션에서는 표현력이 중요한 경우가 많다. 특히 프레젠테이션의 90퍼센트는 발표 기술에 달렸다고 해도 과언이 아니다. 프레젠테이션에서 즉흥적으로 대처할 수 있는 사람은 거의 없으며 그래서도 안 된다. 그런데 많은 사람들이 프레젠테이션을 준비하라고 하면 파워포인트 구성만을 생각한다. 자료 준비하는 데만 너무 많은 시간을 쓰지 말고 청중에 대한 사전 분석과 프레젠테이션을 효과적으로 전달하는 방법에 대해서도 고민해보자.

내향인의 심사숙고하는 성격은 여기서 빛을 발한다. 심사숙고가 몸에 배어 있고, 매사에 준비가 철저한 내향인은 이 때문에 실수가 적다는 강점이 있다. 두려움을 없애기 위한 충분한 사전 준비는 능력을 필요한 순간에 적절히 발휘할 수 있도록 한다. 다시 말해 적당한 긴장감은 더 좋은 성과를 내게 한다. 단, 프레젠테이션 주제와 관련한 자신의 의견을 체계적으로 정리할 수 있는 여유가 있어야 능력을 제대로 발휘할 수 있다.

순간에 집중하고 청중과 교감하는 것이 프레젠테이션의 성공 비결이다. 청중의 반응을 예상하는 일은 매우 어렵고, 불확실할 수밖에 없다. 당신의 직감을 믿고 소신에 따라 행동해야 한다. 그러면 어떠한 상황에서도 유연하게 대처할 수 있다.

『자신감 영역 The Confidence Zone』을 저술한 작가이자 전문 강연가인 스콧 매스틀리는 내게 이렇게 말했다.

"연설가라면 누구나 청중 앞에 서서 이야기를 시작하기 전에 초조해하지만, 최고의 연설가들은 과거에 성공한 사례들과 그동안 해온 준비, 그리고 가치를 아는 청중에게 의미 있는 메시지를 전달하는 데서 느끼는 보람을 상기하며 그러한 불안한 기분을 이용해 더 큰 열정을 불태웁니다."

시각화하라

어느 날 수업이 끝난 후 마니가 날 찾아와 조언을 구했다. 마니는 제약회사 외판원이라 의사 및 병원 관계자들 앞에서 브리핑을 할 일이 많았다. 그런데 문제는 마니가 내향적인 사람이라는 사실이었다.

최근 마니는 커다란 회의실에서 발표를 해야 했는데, 무대에 오르자마자 머릿속이 하얗게 되고 다리와 손이 떨리기 시작했다고 한다. 이보다 규모가 작은 브리핑을 수행할 때는 불안감을 잘 조절했지만 수많은 청중을 보자 겁을 먹은 것이었다. 너무나도 두렵고 끔찍한 기분이었다고 한다. 앞으로 그가 그러한 불안감을 조절하려면 어떻게 해야 할까?

내가 마니에게 제안한 방법은 '시각화'라는 아주 효과적인 기술이었다. 타이거 우즈 같은 스포츠 영웅들이 애용하는 방법이기도 하다. 이미지 트레이너나 운동 코치들도 이 기술을 활용해 훌륭한 성과를 내고 있다.

그 방법은 이렇다. 프레젠테이션을 하기 전에 편안하고 조용한 장소로 가서 프레젠테이션을 하는 자신의 모습을 상상해보는 것이다. 먼저 몸의 긴장을 풀고 부정적인 생각을 버린다.

마음을 진정시키는 음악을 듣는 것도 좋다. 그런 다음 회의실 안에서 프레젠테이션을 하는 자신의 모습을 그려보자. 프레젠테이션에 귀를 기울이는 청중의 얼굴, 미소, 그들이 던지는 질문, 그리고 자신이 분명하고 설득력 있는 답변을 하는 모습까지. 자신이 원하는 모습을 세밀한 것까지 구체적으로 그려보는 것이다.

이렇게 시각화를 하면서 느낀 기분 좋은 감정은 실제 프레젠테이션을 하는 순간까지 지속될 것이다. 당신의 두뇌가 차분하고 긍정적으로 변화했기 때문이다.

시각화는 일종의 기술로 누구나 계발할 수 있다. 연습을 하면 할수록 능숙해진다. 물론 도무지 시각화를 할 수 없다고 하소연하는 사람들도 있는데, 걱정할 필요는 없다. 모든 기술이 모든 사람에게 다 똑같이 효과적이진 않다. 불안을 가라앉혀 줄 다른 방법들을 찾아보면 된다. 천천히 심호흡을 하는 것도 머릿속을 차분하게 가라앉히는 데 도움이 될 것이다. 걷거나 몸을 움직이는 간단한 동작을 하면 혈액 순환이 되어 에너지가 순환한다. 이 역시 프레젠테이션을 앞두고 도움이 될 수 있다. 좀 더 정신이 맑아지고 활기찬 기분을 느낄 수 있기 때문이다.

연습하고, 연습하고, 연습하라

프레젠테이션 전에는 결의를 북돋우고 시각화 연습을 하면서 마음가짐을 다잡는 것이 중요하다. 하지만 마음뿐 아니라 몸도 준비해야 한다는 점을 잊지 말자. 신체 컨디션이 좋을 때 보다 좋은 결과를 얻을 수 있다. 프레젠테이션 당일에는 아침식사를 충분히 하고 휴식을 취하는 것이 좋다. 휴식 시간에는 간단하게 먹을 수 있는 건강 간식을 챙겨가도록 하자. 수분이 부족하지 않도록 물을 넉넉히 마시고 될 수 있으면 카페인은 삼가자. 카페인은 심장박동을 불규칙하게 하고 가슴을 두근거리게 할 수 있다.

리허설은 많이 하면 할수록 좋다. 그래야 현장에서 예기치 못한 일들이 발생했을 때 당황하지 않고 자연스럽게 대응할 수 있다. 녹음기를 틀어놓고 큰 소리로 프레젠테이션을 연습해보자. 동영상 촬영을 해봐도 좋다. 자신이 하는 말을 유심히 들어보고 억양은 어떤지, 어떤 단어를 강조하는지, 어디서 멈추는지, 타이밍은 어떤지 체크해보자. 중간 중간 쉬어가며 나눠서 연습해도 괜찮다. 프레젠테이션 전체를 한꺼번에 녹음한 뒤 한 번에 다 검토해보려면 지루할 수 있기 때문이다.

리허설을 해보면 그 효과에 깜짝 놀라게 될 것이다. 실제 프레젠테이션 당일이면 종이에 적힌 단어들이 생생하게 살아나 더 자연스러운 연설을 할 수 있을 것이다. 스피치 전문가들은 연설 실력을 지속적으로 개선하려면, 그리고 이러한 프레젠테이션이 업무적으로 필요하다면 "연습하고, 연습하고, 연습하라."고 조언하고 있다.

정말로 연습을 하면 달라진다. 연설이 매끄러운 정도를 보면 그 사람이 연습을 했는지 하지 않았는지를 알 수 있다. 연습을 하지 않은 사람들은 말을 더듬고 배정된 시간을 초과하기 일쑤다. 반면, 연습을 충분히 한 사람은 주어진 시간 내에 효과적으로 내용을 전달한다. 편안함과 자신감이 깃들인 태도는 오직 경험에서만 나온다.

마지막으로 일찍, 일찍, 일찍 도착하라. 어느 내향적인 마케팅 연구원은 자신이 프레젠테이션을 할 때 일찍 도착하는 것에 중점을 두는 이유를 다음과 같이 설명했다.

"저는 일찍 도착해요. 정말, 정말, 정말, 정말 일찍요. 그러면 메모를 다시 훑어보거나, 잡지를 읽거나, 그냥 멍하니 앉아 있을 수 있죠. 게다가 차가 막히거나 집에서 나오려는 찰나에 전화가 와서 늦을까봐 스트레스를 받을 일도 없고요. 그리고 회의 기획자들이 강연장에 도착하면 내가 먼저 와 있는 것을 보고 강연자가 제때 오지 못할까봐 걱정할 일이 없으니 너무 좋다며 내게 친절하게 대해줘요. 내가 시간적 여유가 있으니 그 사람들 일을 조금 도와줄 수도 있고, 그러면 그 사람들은 내게 고마워하고 친근감을 느끼게 되기 때문에 강연장에서 무언가를 바꿔야 할 때도 서로 얼굴 붉히지 않고 수월하게 처리할 수 있어요."

존재감을 드러내는
세 가지 방법

준비를 마쳤다면 이제 무대 위에서 존재감을 두드러지게 보여줄 방법을 살펴볼 차례다. 그동안 내가 만난 대부분의 내향적인 리더들의 사례들을 통해서 보면 그들이 성공한 밑바탕에는 '존재감'이 자리하고 있었다. 여기서 주목해볼 만한 것은 다음과 같다.

청중과 교감하라

PR컨설팅 회사인 에델만의 선임 부사장 매릴린 모블리는 미디어 홍보 전문가로, 자신만의 프레젠테이션 기술에 대해 이런 조언을 해주었다.

"청중 중에 한 사람만을 쳐다보며 이야기하면 다른 청중 모두 당신이 하는 말이 무엇인지 관심을 기울이기 마련이에요. 그러니 중요한 이야기를 할 때는 한 사람을 선택해 그 사람과 눈을 맞추고 이야기를 한 다음, 또 다른 사람으로, 그리고 또 다른 사람으로 계속 옮겨가세요. 당신과 눈을 맞춘 사람들뿐 아니라 청중 전체에 굉장한 영향력을 발휘하게 될 겁니다."

세일즈 트레이너인 리처드 엘머스는 이렇게 말했다.

"내가 지금 무엇을 하고 있고 무엇을 말하고 있는지만 생각하다가 청중이 지금 무엇을 받아들이고 있는지를 생각하기 시작했더니 모든 것이 달라졌습니다. 이젠 예전만큼 초조하지 않고 더 편안해졌죠."

마케팅 전문가인 캐시 암스트롱 리는 청중을 끌어당기는 힘의 중요성을 어느 CFO(Chief Financial Officer : 최고 재무 책임자)의 사례를 통해 깨달았다며 고백한다.

"그 사람은 연단 앞에 서서 꼼짝도 하질 못했어요. 고개를 푹 숙이고 마이크에 대고 준비해 간 내용을 줄줄 읽기만 했죠. 완전 수면제가 따로 없었어요. 휴식 시간이 따로 필요 없을 정도였다니까요. 그런데 코칭을 받고 연습을 하고, 슬라이드에서 수많은 세부 사항들을 가지치기하는 데 많은 노력을 기울이더니 1년이 지나니까 소형 마이크를 사용해서 간간이 무대 앞으로 걸어 나올 정도로 자신감이 향상되었더라고요. 더 놀라운 것은 청중들의 긍정적인 반응 덕분에 회사의 이익에도 도움이 되었다는 사실이에요. 그저 재무 보고서를 줄줄 읽을 때는 상상할 수도 없었던 결과죠."

목소리를 활용하라

전화 통화를 많이 하는 사람들은 상대방의 목소리를 '읽는' 방법을 알 것이다. 상대방이 서두르고 있는지, 피곤한지, 아니면 정말로 당신의 말에 귀를 기울이고 있는지, 아니면 그러는 척만 하는지를 구분할 수 있다.

우리가 숨을 쉬는 방법이 우리의 목소리에 영향을 미친다는 사실을 아는가? 유명한 보이스 코치 르네 그랜트 윌리엄스는 이렇게 조언했다. "얕은 숨을 쉬면 숨이 차고 약한 목소리가 나옵니다. 목이 긴장하면 성대가 뻣뻣하게 경직되어 목소리가 잘 나오지 않고 성대를 쉽게 다칠 수가 있습니다. 그리고 성대의 울림을 차단하고 성대의 탄력을 저하시키죠. 복식호흡을 하면 몸과 성대가 자유롭게 진동할 수 있기 때문에 더 풍부하고 꽉 찬 목소리를 낼 수 있습니다."[3]

복식호흡은 '배로 숨을 쉬는 것'으로 숨을 깊게 들이마셔 산소의 흡입을 최대화시켜주는 호흡법이다. 복식호흡은 목소리 자체를 한결 편안하고 안정적이게 한다. 가슴 속에 남아 있는 공기를 끌어내고 다시 공기를 들이마셔 천천히 심호흡을 해보라. 에너지가 다시 들어차는 과정을 느껴보라. 이렇게 연습을 해보면 에너지를 발산하고 좀 더 효과적으로 목소리를 활용할 수 있을 것이다. 목소리는 커뮤니케이션에서 인상의 절반을 결정할 만큼 중요함에도 불구하고 대부분 인식하지 못하고 있는 경우가 많다.

적절히 말을 멈추는 것 또한 효과적인 방법 중 하나다. 르네 그랜트 윌리엄스는 "연설은 은이요, 침묵은 금이요, 효과적인 멈춤은 순수한 백금"이라고 했다.[4] 요점을 말하기 전에 잠시 말을 멈춘다면 청중은 당신에게 관심을 갖고 무슨 말이 나올지 기대한다. 이러한 강약 조절을 통해 청중들은 지루해하지 않고 발표 내용에 끝까지 집중할 수 있다.

연설가이자 트레이너인 케빈 호스트는 "중요한 부분, 청중이 기억하고 행동에 옮기길 바라는 요점을 말한 후에 여러 박자를 쉬는 것이 좋다."고 조언했다. 하지만 외향적인 사람들을 대할 때는 이 방법을 조심해서 사용해야 한다. 한 관리자는 프레젠테이션에서 중간에 자주 말을 멈췄더니 외향적인 상사가 눈에 띄게 조급해하더라고 털어놓았다. 그러니 청중의 성향에 따라 융통성 있게 사용해야 한다는 점을 명심하자.

보디랭귀지를 이용하라

처음으로 무대 위 프레젠테이션을 녹화할 당시, 나는 손에 플립 차트 펜을 들고 그걸로 캐치볼을 했다. 나는 그 사실을 전혀 인식하지 못한 채 왼손에서 오른손으로 펜을 주고받았다. 녹화한 화면을 보니 내 주옥같은(?) 말에 눈과 귀를 집중한 청중은 거의 없었다. 다들 메트로놈처럼 펜을 주고받는 내 손동작만 따라가고 있었다.

보디랭귀지는 프레젠테이션의 성공에 매우 중요하다. 보디랭귀지는 또 하나의 언어이므로 목적에 맞게 잘 사용해야 한다. 계속 손을 흔들어대거나 가까이 놓여 있는 것을 계속 만지작거리는 행동, 상체나 발을 계속해서 떠는 동작은 연설의 힘을 떨어뜨리는 원인이다.

마케팅 연구원인 웬디 키니는 일찍이 이를 언급하며, 무대 위에서 존재감을 보여주려면 자세가 중요하다는 점을 강조했다. 이 책에 등장하는 수많은 내향적인 리더들과 마찬가지로 웬디는 이런 방법을 사용한다고 했다.

"그날 자신이 되고 싶은 사람을 한 명 선택해 그 사람이 되는 거예요. 즉, 롤모델을 정해 그 사람처럼 말하고, 그 사람처럼 보디랭귀지를 하는 겁니다. 처음 이 기술을 배웠을 때 난 오프라 윈프리를 자주 모델로 삼았어요. 대체로 만족스런 결과를 얻을 수 있었죠"

참여하는 만큼 의미를 갖는다

내 동료이자 능수능란한 대중 강연가인 마티 머서는 최근 그가 세미나 교육에서 사용한 전략 하나를 이야기해주었다. 마티는 세미나 전날 밤에 호텔에 도착했다. 그리고 사진기를 들고 호텔 근처를 거닐면서 회의 참가자들의 사진을 찍었다. 그날 밤 마티는 사진을 컴퓨터에 저장해 슬라이드로 만들었다. 교육 시간에 그가 익살스러운 코멘트와 함께 그 사진들을 보여주자 청중은 완전히 강연에 몰두했고 처음부터 끝까지 집중하고 몰입해서 참여했다고 한다.

앞서 소개한 웬디 키니 또한 청중의 참여를 이끌어내기 위해 미리 계획한다고 한다. 그 방법이란 다름 아닌 청중의 이야기로 화제를 모으는 것이었다. 우선 주목받는 것을 좋아하는 사람을 고른다. 그런 사람을 알아보기는 쉽다. 분명 화려하고 외향적인 사람일 것이다. 그들의 일화와 이야기에 귀를 기울인 다음 그 이야기를 프레젠테이션에 사용해도 되겠느냐고 물으면 화색을 띠며 좋아한다는 것이다. 어쩌면 웬디는 점심식사를 하다가 "오, 그 이야기를 꼭 다른 사람들과 나누고 싶네요. 15분쯤에 호명할 테니 그 이야기를 해주겠어요?"라고 부탁할지도 모른다. 웬디는 프레젠테이션을 할 때 자신이 청중을 감쪽같이 속이는 마술사가 된 기분이라고 했다. 하지만 거기에는 그만한 가치가 있다고 웃으며 말했다.

약간의 창조성만 발휘해도 큰 도움이 된다. 프레젠테이션에 활기를 불어넣을 장치들을 찾아보자. 파워포인트 슬라이드 대신 여러 이미지를 사용해도 좋고 위의 사례처럼 다른 사람들의 도움을 받을 수도 있다.

힘들게 가는 게 정답이다

편안하게 연설하기 위해 여러 가지 방법들을 사용할 수 있지만, 연습만큼 자신감을 가져다주는 것은 없다. 연습이야말로 당신의 최고 실력을 드러내게 해줄 마법이다. 사람들 앞에서 발표하는 두려움을 극복한 사람들이 가장 많이 하는 조언 역시 "연습하라!"는 말이다. 연습은 어렵고 힘들지만, 실력을 향상시킬 수 있는 유일한 방법이다.

연습하고, 연습하고, 또 연습하는 것이다. 사람들 앞에 이야기하는 것에 익숙해지고 연설 기술을 개선하기 위해서는 연습할 기회를 하나도 놓치지 말아야 한다.

다음 직원 회의 때 최근 세미나에서 들은 내용을 간략하게 설명해보는 건 어떨까? 회의 시간에 전시 부스들을 방문하면서 알아낸 업계의 경쟁력 있는 사업 아이템이나 트렌드를 팀원들에게 알려주는 건 어떨까? 함께 회의를 진행하는 팀원들에게 진행 중인 프로젝트의 현 상황을 말해보는 건 어떨까? 앞에 나서서 이야기를 할 기회는 주변에 널렸다. 사람들에게 당신의 경험을 진솔하게 말하라. 솔직한 모습은 그 자체가 인간적인 매력이다.

점점 자신감이 떨어지는 사람들을 위한 어드바이스

"엄마는 나에게 이렇게 말했다. '네가 군인이라면 넌 장군이 될 거야.' '네가 수도승이라면 넌 교황이 될 거야.' 나는 화가였고, 피카소가 되었다."

- 파블로 피카소

좋은 사람인가,
필요한 사람인가?

어느 제조업체 현장에 컨설턴트로 파견나갔을 때의 일이다. 그곳은 곧 구조조정이 있을 거라는 소문 때문에 긴장감이 감도는 분위기가 무겁게 짓누르고 있었다. 하필이면 그때 중역들이 공장에 시찰을 나왔다. 직원들은 신경이 잔뜩 곤두서 있는 것 같았다. 그 일촉즉발의 상황에서 몸을 사리지 않는 사람이 있었다. 바로 그룹의 수석 부사장이었다.

그는 공장 곳곳을 돌아다니며 직원들 개개인과 이야기를 나누었다. 그가 직원들에게 질문을 던지는 것을 우연히 들었는데, 그의 세심한 배려와 소탈한 모습에 놀라지 않을 수 없었다. 직원의 얼굴을 기억해내고는 꼭 집안일이나 안부를 물어보는 게 아닌가.

"어머님은 좀 어떠신가?", "아이들은 잘 크고 있나?" 그는 여러 사람들을 만나며 이와 비슷한 대화를 계속했다.

그날 오후 회사 강당에서 열린 공식 회의 때 그 부사장은 회사의 현 상황을 솔직하게 전달한 다음, 직원들에게 질문을 받았다. 그는 직원들을 깔보거나 무시하지 않았으며 직면한 문제점들을 대충 얼버무리고 넘어가려 하지도 않았다. 오히려 직원들의 우려에 귀를 기울이고 회사의 상황을 지속적으로 알려주겠다고 약속함으로써 초과근무 문제를 직접적으로 짚고 넘어갔다. 구조조정 때문에 초과근무를 줄여야 한다면 이를 확실히 보상해주기로 말이다.

협상이 끝나고 나는 직원 몇 명에게 그에 대한 인상을 물어보았다. 직원들은 이구동성으로 "좋은 사람"이라고 대답했다.

이 남자는 진정으로 존재감을 발휘할 줄 아는 것이다! 그는 직원들을 관리하는 데 있어 무엇이 중요한지를 알고 있었다. 그것은 다름 아닌, 직원들을 톱니바퀴 이상의 존재로 인정해줘야 한다는 사실이다. 모든 직원들은 상사가 자신을 중요한 사람으로 대해 주길 바란다. 직원들이 가장 중요하게 생각하는 사안들(사적인 것과 직장 관련된 것 모두)에 진심으로 귀를 기울이고 진실한 관심을 보여준다면, 직원들과 신뢰를 쌓고 솔직한 커뮤니케이션을 나눌 수 있다.

누군가 당신의 삶과 당신의 업무에 대해 진심 어린 관심을 보여주었을 때 어떤 기분이 들었는지 기억하는가? 그 사람이 당신의 대답에 귀를 기울여줄 때, 어쩌면 이미 신뢰와 호감이 형성되었을지도 모른다. 상대방과 진심으로 함께 할 줄 아는 이런 능력은 존경받는 리더의 특징 중 하나다. 또 이것은 내향적인 사람들에게서 자주 볼 수 있는 특징이기도 하다.

내향적인 사람들은 여러 사람들과 이야기를 나누는 것보다 일대일로 이야기를 나누는 것이 더 편하다는 이야기를 자주 한다. 다양한 주제로 이야기를 나누기보다는 깊이 있는 이야기를 나누고 상대방의 이야기를 잘 들어준다는 평가를 받기도 한다. 일반적으로 내성적인 사람들은 공감 능력이 뛰어나고 한 번 인간관계를 맺으면 오래간다. 어려운 것은 대화의 물꼬를 트는 것이다. 즉, 낯선 사람들과 새로운 관계를 맺기가 쉽지 않다는 것이다. 그럴 때는 사소한 것부터 시작해보면 좋다. 상대방의 취미 생활에 대한 것이라도 좋고, 날씨나 스포츠에 관한 것이라도 좋다. 자녀나 애완동물이 있는지 등 여러 가지 질문을 던져 대화를 계속 이어나가자. 상대방이 강하게 공감하는 관심사나 걱정거리를 던지면, 그 순간부터 대화는 술술 풀려 나가기 마련이다. 이런 '스몰토크', 다시 말해 '잡담'은 모르는 사람들끼리도 즐거운 시간을 보낼 수 있게 해준다. 말하기에 소질이나 자신이 없는 사람이라도 이 '스몰토크'만 잘해도 편안하게 대화를 이어나갈 수 있다.

단, 두 가지만 주의하자. 상대방이 다그친다고 느낄 정도로 많은 질문을 던져서는 안 된다. 부담 없이 대화를 시작해야 하며, 그리고 상대방의 답변에 진심으로 귀를 기울여야 한다. 질문을 던지자마자 다음 질문을 생각하거나 다른 사람에게 관심을 돌려버리는 사람들이 많은데, 절대 그러면 안 된다.

또 처음 만난 사이에 "결혼은 했나요?", "나이가 몇이세요?"와 같은 개인적인 질문은 상대방이 불편해할 수 있다. 상대방이 머뭇거리거나 아예 대답을 회피할지도 모른다. 이 두 가지만 주의해도 반은 성공이다.

삐걱대는 바퀴에는 기름칠을 해야 굴러가듯이 대화의 바퀴에도 늘 기름칠을 해줘야 한다. 다른 바퀴보다 더 많은 기름을 칠해야 돌아가는 바퀴도 있듯이 더 많은 연습이 필요한 사람도 있다. 인내심을 갖고 '스몰토크'를 꾸준히 연습하라. 부끄러움을 완화시키는 데 도움이 될 뿐더러 낯선 사람과 말하는 데 자신이 생길 것이다.

▎직장에서 필요한 사람이 되기 위한 조건

나는 그동안 리더십과 내향적인 성격의 관계에 대한 수많은 연구 내용을 검토하면서 외향적인 사람들이 내향적인 사람들보다 더 훌륭한 리더가 된다는 구체적인 증거는 단 하나도 발견하지 못했다. 엄밀히 말해 내향적인 성격을 연구한 논문들은 얼마 되지 않으며, 이 분야는 아직도 더 많은 연구를 필요로 하고 있다. 그만큼 탐구할 만한 여지가 무궁무진하다.

얼마 안 되는 연구 자료들 가운데 내 눈에 쏙 들어온 게 하나 있었다. 미국의 시 행정 담당관들의 적응성을 연구한 논문이 그것이다. 이 논문 연구자들은 다음과 같은 결론을 내렸다. "내부 지향적이고 사색적이며 행동하기 전에 깊이 생각하는 내향적인 사람들이 더 오랫동안 임기를 유지하는 경향이 있다."[*1]

성공한 리더의 특징을 나열한 책과 기사들은 굉장히 많이 있다. 그 중에서 무엇이 내향적인 사람들의 특징일까?

나는 내향적인 리더에 관해 연구하면 할수록 훌륭한 상사란 심리학자 다니엘 골먼이 『SQ 사회지능』이란 책에서 제시한 것과 비슷한 특징을 가지고 있다는 사실을 확인할 수 있었다.[*2]

"리더십은 결국 리더가 다른 이들의 감성을 좋거나 나쁜 상태로 몰고 갈 수 있는 일련의 사회적 교류로 요약될 수 있다. 교류가 잘 이루어질 때는 부하들이 리더로부터 관심과 공감, 격려, 그리고 확신을 느낀다. 그러나 그렇지 않을 때는 고립되고 위협받는다고 느낀다."

즉, 훌륭한 상사는 직원들의 말을 잘 듣고 직원들을 격려해주며, 의사소통이 원활하고 용감하다. 유머감각도 있고 사람들과 교감할 줄 알며, 결단력이 있고 책임감이 있으며, 겸손하고 권위적이지 않다.

반면에 최악의 상사는 벽창호처럼 꽉 막혔으며, 남을 의심하고, 속내를 보여주지 않고, 위협적이다. 성질이 고약하고 자기중심적이며, 우유부단하다. 잘못을 남 탓으로 돌리고 거만하며 남을 불신한다.

내향적인 사람과 외향적인 사람 모두 둘 중 어떤 유형에도 속할 수 있다. 일반적으로 내향적인 사람들이 남의 말을 잘 듣고 잘 관찰하는 특징을 보이는 경우가 더 많고, 외향적인 사람들이 유머감각이나 사회성 같은 특징을 가진 경우가 더 많다. 하지만 이러한 특징들은 서로 섞이고 결합되어서 나타날 수 있다. 내향적인 사람도 외향적인 사람처럼 유머감각을 발휘할 수 있다. 내향적인 리더의 대표 격인 워런 버핏은 묘비에 어떤 비문을 새기고 싶냐는 질문에 살짝 미소를 지으며 대뜸 이렇게 대답했다. "아이구, 오래도 살았네!"●3

자신감이 직장생활을 좌우한다

가장 다루기 어려운 사람은 바로 자기 자신이란 말이 있다. 다른 사람들을 관리하려면 우리 자신부터 관리하는 법을 익혀야 한다. 얼마나 지당한 말인가! 자신을 안다는 것은 자신이 가진 장점과 약점을 파악한다는 의미다. 자기 인식을 통해 장점은 최대한 끌어올리고 단점은 보완하는 법을 배울 수 있다. 나 자신에 대해 이해하는 것은 삶의 성숙을 더해가는 일이기도 하다.

HR전문가들을 위한 저서인 『인적자원 관리자 역할 준비하기 : 오늘날의 기업에서 성공하는 방법』*⁴을 저술하면서 빌 칸와일러 박사와 나는 자신을 아는 데 따르는 이점이 어마어마하다는 사실을 깨달았다.

우리는 중요한 여섯 가지 분야의 자기 평가 길잡이인 경력 성공 모델을 개발했다. 이 여섯 가지 분야란 경력, 기술, 특징, 가치, 좋아하는 것과 싫어하는 것, 감성지능이다. 자신의 장점과 약점을 알면 필요할 때 자신을 좀 더 객관적으로 판단할 수 있으며, 타인에게 적절한 영향력을 행사할 수 있다. 자신의 한계를 이해한다면 필요할 때 도움을 요청할 수 있고, 부하 직원들과 좋은 관계를 유지할 수 있다. 허점이 드러날수록 협력자는 늘어난다.

자신이 지닌 약점이 무엇인지 모르는 사람은 고칠 수 있는 기회를 잃게 된다. 이를테면 실무를 직접 처리하는 데 익숙한 나머지 업무를 직원들에게 맡기지 못하고 쥐고 있다가 과로에 시달리거나 마감을 놓칠 수도 있다. 부하 직원들에게 업무를 위임하지 못한다는 것이 약점이라고 깨닫는다면 고칠 수 있지만, 그러려면 먼저 자기 평가를 통해 자신을 솔직하게 들여다봐야 한다.

자기 인식을 할 줄 아는 사람만이 자신이 팀에 안겨주는 가치를 깨달을 수 있고, 업무에 자신감을 얻을 수 있다. 이 자신감은 동료나 부하 직원들에게도 전파된다. 그리고 자신감이란 전문성을 기르는 데서 자연스럽게 나타나기 마련이다.

IT정보 전문잡지 《컴퓨터월드》에 실린 내향적인 리더들에 대한 한 기사에서 정보관리협회Society of Information Management의 컨설턴트 밥 볼턴은 이렇게 말했다. "만약 어떤 사람이 높은 수준의 전문지식을 보유하고 있다면, 사람들은 그 사람이 연단에 올라 연설을 할 수 있는 사람이라서가 아니라 그 전문지식 때문에 그 사람을 따를 것이다. 리더에게는 추종자들뿐만 아니라 전문지식이 반드시 있어야 한다."[5]

자신의 성향부터 알아야 한다

자신의 성향을 파악하는 데는 성격유형 검사가 특히 도움이 된다. 자신의 성격 특성뿐만 아니라 다른 사람의 성향을 파악하는 데도 유용하다.

정확한 성격유형을 알고 싶다면 MBTI 검사가 도움이 될 것이다. MBTI는 일상생활 속에서 활용할 수 있도록 이해하기 쉽게 개발한 것으로, 개인의 성격이나 특징을 파악할 때 요긴하게 쓸 수 있다. MBTI에서는 사람의 성격유형을 내향성과 외향성으로 나눌 뿐 아니라 감각형, 직관형, 사고형, 감정형 등으로 구분해 설명해준다. 이 성격유형을 제대로 이해하면 자기계발, 갈등관리, 대인관계 등 다양한 목적으로 활용할 수 있다.

예를 들어 당신이 팀원들을 이끌고 커다란 프로젝트를 수행해야 한다고 해보자. 감각형인 한 팀원은 정보와 세부 사항에 중점을 둘 것이다. 또 다른 직원은 강한 직관형이라 프로젝트의 전체적인 그림에 관심을 기울일 것이다. 성격유형과 보유하고 있는 기술, 그 외의 선호도에 따라 잘 할 수 있는 일이 달라진다. 이렇게 팀원들 간의 미묘한 차이점들을 안다면 팀원들이 훨씬 신속하게 업무에 몰두하도록 만들 수 있다. 일의 능률이 올라 회사의 이익은 물론 개개인의 성장에도 큰 영향을 미칠 것이다.

아이디어스피어 파트너스의 매니징 파트너인 척 파파조지오스는 언제나 내게 깊은 감명을 안겨주는 오랜 동료이자 성공한 기업가다. 나는 척에게 내향적인 사람들에게 어떠한 리더십 접근법을 사용하는지 물어보았다. 외향적인 리더인 척은 오랜 경험을 바탕으로 "올바른 환경만 조성해주면, 외향적인 직원이든 내향적인 직원이든 간에 실적 차이는 전혀 없다"는 점을 깨달았다고 했다. 단, 직원들을 대하는 방식에는 다소 차이가 있다고 털어놓았다.

척은 도전 과제에 부딪히면 "내향적인 사람들에게 몇 분간 짧지만 아주 분명하게 요구를 하거나 그 문제점을 설명해, 정해진 기한 내에 해결책을 내 달라고 한 다음 돌아선다."고 했다. 즉시 대답을 해야 한다는 부담감을 주지 않는다는 것이다. 내향적인 사람들은 도전 과제를 안으로 끌어들여 해결하기 때문에 숙고의 시간이 필요하다는 것이 그의 지론이다. 반대로 외향적인 사람은 문제를 외면화해서 쌍방향으로 해결하려 하기 때문에 대화를 통해 풀어나가는 것이 더 효과적이라고 한다.

서로의 특성을 인정하고 이해하면 관계에 있어서도 상당한 변화가 일어날 수 있다. 거듭 이야기하지만, 사람들은 자신을 이해해주고 인정해주는 사람을 만나면 기분이 좋아지고 힘을 얻는 법이다.

동기부여가 업무 능률을 크게 높인다

대부분의 사람들은 조직 내에서 두세 번의 승진을 하고 아랫사람을 관리하는 일을 맡게 된다. 직급이 올라가면 성취감을 느낄 수 있지만 그것이 항상 기쁨을 주는 것만은 아니다. 승진은 성과에 대한 부담감과 책임감도 함께 딸려 온다. 승진을 하면 자신에게 익숙한 업무가 아니라 새로운 일이 주어지기 때문이다. 직책에 걸맞은 역할, 동료들과 맺어야 하는 새로운 관계로 인해 스트레스를 받다 보면 과연 그 일을 해낼 수 있을지 걱정스럽기도 하다.

'매니지먼트의 가장 힘든 과도기'[4]에 관한 글(주로 내향적인 사람들을 겨냥한 내용이다)을 읽어 보면 그 고충을 미루어 짐작할 수 있다.

"가장 힘든 과도기'를 견뎌낸다는 것은 첫째, 자신이 아는 것, 좋아하는 것, 굉장한 업무 만족과 자부심을 안겨 주던 것을 일부 포기해야 한다는 의미다. 둘째, 자신이 모르는 것, 좋아하게 될지 확신할 수 없는 것, 그리고 업무적 만족도와 자부심을 안겨주지 않을지도 모르는 일을 해야 한다는 의미다. 셋째, 확실하고 구체적이고 해답이 있는 업무를 그만두고, 모호하고 애매하고 무엇보다도 해답이 없는 업무와 도전 과제들을 수행해야 한다는 의미다."

기업과 조직의 리더들이 가장 심혈을 기울이는 분야 중 하나가 바로 동기부여 활동이다. 긍정적 동기부여야말로 조직의 목표를 달성할 수 있게 해주는 핵심 요소이기 때문이다. 비즈니스 세계에 일대 혁신을 불러일으킨 강점 발견 프로그램인 스트렝스 파인더Strength finder를 고안한 경영 컨설턴트 마커스 버킹엄은 개개인의 사례를 분석해보면 동기부여를 받은 직원의 업무 능률이 가장 좋다고 했다.

부하 직원들에게 동기를 부여하는 것이 무엇인지를 파악하는 것 또한 관리자의 책무 중 하나다. 마커스는 이를 가리켜 체스 게임에 비유했다. 훌륭한 관리자들은 체스 게임을 하는 법을 알고 있다고 말이다. 훌륭한 관리자는 체스의 말 하나하나를 움직이는 법을 배운 다음, 그러한 움직임을 이용해 공격 시나리오를 작성한다는 것이다.●6

예를 들어 관리직을 맡고 처음 한 달 동안은 팀원들과 일일이 만나 이야기를 나눠보는 것도 직원들을 더 깊이 이해할 수 있는 훌륭한 전략이다. 그런 다음 직원 개개인의 성격유형에 부합하는 방법을 적용해볼 수 있다. 내가 아는 한 IT 관리자는 심리적인 보상에서부터 경제적인 인센티브까지 다양한 방법을 써서 직원들의 구체적인 행동 변화를 이끌어냈다. 동기부여를 연구하면서 결국 그가 깨달은 것은, 사람들을 더 창의적으로 만들고, 높은 성과를 올리게 하는 동기가 꼭 경제적인 이유에서만이 아니라는 사실이다. 어떤 직원은 복잡한 문제를 해결하는 과정에서 기쁨을 느끼며 해결 후의 성취감을 즐긴다. 또 어떤 직원은 하루 휴가를 주는 것이 효과적인 보상이다. 이처럼 사람들마다 동기부여가 되는 요소가 다르다. 그럼에도 누구에게나 효과적인 동기부여의 방법이 있다. 자신을 진정으로 존중해주고 적극적으로 관심을 보여주는 리더에게 사람들은 훨씬 더 많은 신뢰와 충성을 바친다.

HR전문가인 밥 퀸은 외향적 성격을 타고나지는 않았지만 매일같이 동기부여 준비 차원에서 먼저 직원들에게 다가가 대화를 주고받았다. 또 밥은 사무실에서 종종 브런치 파티를 열어 직원들과 인간적인 접촉을 나누었다. 걱정거리나 고민이 있는 직원들은 일일이 개인적으로 만나 그들의 걱정거리에 귀를 기울였다. 또 새롭게 합류한 직원에게는 회사 분위기를 익힐 수 있도록 곁에서 도와줄 직원을 한 명씩 붙여주는 등 세심한 배려를 잊지 않았다.

밥은 얼마 전 직원들로부터 최고의 감사 인사를 받았다고 털어놓았다. "당신은 참 좋은 사람이에요." 이 얼마나 근사한 표현인가! 그와 같은 격려가 그에게 얼마나 커다란 용기를 되었을지는 너무도 자명한 일이다.

시스코 시스템과 노던 텔레콤 같은 기업들에서 부사장을 역임했던 톰 샤크는 뚜렷하게 외향적인 성격의 소유자이다. 그는 동기부여에 관한한 훌륭한 전문가이다. 그는 팀원들이 동기부여를 받는 부분이 서로 다르며, 리스크를 감내할 수 있는 수준도 서로 다르다고 말한다. 그럼에도 팀원들을 하나의 프로젝트에 모두 참여시켜 결과를 이끌어내면 팀 전체에 동기부여를 할 수 있다고 강조한다. 자발적인 동기를 부여할 수 있는 환경을 만들어주면 된다고 말이다. 직원들과 개인적인 유대감을 형성하면 더할 나위 없다. 이것이 바로 동기부여다.

좌뇌로 관리하고 우뇌로 지도하라

인간의 좌뇌와 우뇌는 서로 다른 역할을 한다. 우뇌는 직관적, 창조적, 시각적 기능을 담당하고, 좌뇌는 분석적, 논리적, 언어적 기능을 담당한다. 대부분의 사람들은 성장하면서 좌뇌를 많이 개발하게 된다. 교육·가정·사회 환경으로 인해 이성적이고 논리적이며 기능적인 면이 강화되기 때문이다.

뇌 전문가인 스튜어트 L. 스토크스는 이렇게 말한다. "좌뇌는 일반적으로 언어적, 수리적, 분석적 영역에 속합니다. 관리자들은 좌뇌를 잘 활용하며, 리더들은 좌뇌를 잘 활용하지 못하는 경우가 많습니다. 우뇌의 경우에는 리더들이 잘 활용하고, 관리자들은 잘 활용하지 못하는 경우가 많습니다. 우뇌는 좀 더 무질서하고 실험적이고 창조적입니다. 좌뇌와 우뇌는 서로 다르지만 서로 보완합니다."[7]

이에 스티븐 코비는 『성공하는 사람들의 7가지 습관』에서 "좌뇌로 관리하고 우뇌로 지도하라"고 말하며, 우뇌를 사용하는 훈련을 해야 한다고 강조한 바 있다. 우뇌로 리더십을 발휘하고 좌뇌로 경영을 하라는 뜻이다.

세계적인 미래학자로 손꼽히는 다니엘 핑크는 조직의 리더는 한 가지에만 초점을 맞추는 데서 벗어나야 한다고 말한다. 리더는 작곡가와 지휘자처럼 다양한 악기로 구성된 오케스트라를 조화롭게 이끌어야 한다고 말이다. 그래야 오케스트라 전체가 하나가 되어 훌륭한 소리를 만들어낼 수 있다. 오케스트라의 조화를 이끌어내는 것은 악기들 사이의 관계를 파악하는 능력에 달려 있다. 다니엘 핑크는 현재와 같은 콘셉트 시대에는 '조화를 이끌어내는 능력'이야말로 반드시 필요한 것이라고 강조한다. 그는 이 능력이야말로 내향적인 사람들과 관련이 깊다고 생각한다며, 이렇게 설명했다. "조화를 이루는 것은 리더뿐 아니라 리더를 따르는 자들에게도 매우 중요합니다. 특히 내향적인 사람들은 다른 사람의 말에 더 많이 귀를 기울이기 때문에 더 유리한 면이 있죠. 조화를 이루면 서로 다른 것들 사이에서 관계를 발견하고, 더 많은 정보, 더 훌륭한 정보를 얻을 수 있습니다."[8]

결국 종합하는 능력이 중요하다는 의미다. 즉, 자신의 생각과 의견을 다른 사람과 조화되도록 조율하고 자신이 속한 환경에 맞춰 변화시키는 것이다. 이것이 성공하려면 우뇌와 좌뇌가 파트너십이 구축되어야 한다. 핑크는 실용적인 제안을 하나 했다. "부서 내의 게시판을 영감 게시판으로 바꾸는 겁니다. 흥미진진한 것을 발견하면 그 게시판에 붙이세요. 머지않아 당신의 사고를 활기차게 만들고 확장시켜 줄 이미지들 사이의 관계가 보이기 시작할 겁니다. 관점이 바뀌면 모든 게 달라 보일 겁니다."

좋은 인상을 심어주는 법

몇 해 전에 나는 청중을 완전히 사로잡는 감동적인 강연에 참석한 적이 있다. 당시 기조 연설가는 윌리엄 스트릭랜드 주니어였다. 그는 피츠버그의 불우한 청소년들을 위해 평생을 헌신하고 있는 사회운동가로 전국적으로 유명해졌다. 이제는 국제적인 명사이자 영적 지도자로, 미국 전역에 위치한 예술직업훈련 센터에서 프로그램을 진행하고 있다.

그의 호소력 있는 연설 솜씨는 청중을 감동시키곤 했다. 그의 연설은 확실히 힘이 있었다. 그날도 청중들은 넋을 읽고 몇 시간 동안이나 그의 말을 경청하였으며, 그중 몇몇은 눈물을 흘리기까지 했다. 그만큼 그의 연설에는 진정한 뜨거움과 열의가 담겨 있었다. 윌리엄은 진심을 담아 청중을 향해 이야기했다.

마침내 강연이 끝나고 나는 윌리엄과 얼굴을 마주하고 인사를 했다. 그때 그는 내게 명함을 건네며 이렇게 말했다.

"피츠버그에 있는 저희 센터에 꼭 방문해주세요."

그는 내 눈을 마주보며 미소를 지었다. 그 총총한 눈을 마주친 순간 따뜻한 파동이 내게 전해졌다. 윌리엄이 주위에 몰려든 사람들 모두에게 다 명함을 건네고 센터로 초청을 했다고 해도 상관없었다. 그는 분명 내게 진심 어린 관심을 보여주었다. 그가 내 말에 귀를 기울였을 때, 그 시간은 몇 분도 채 되지 않았지만 그의 강렬한 집중력은 정말 대단했다. 윌리엄의 이런 진정성과 진지함이야말로 존 하인즈나 제프 베조스같이 그를 후원하는 수많은 기업인들의 마음을 사로잡은 이유라 확신한다. 그것이 바로 존재감이라는 것을 그를 통해 다시 한번 확인할 수 있었다.

진정한 경청을 하라

조용히 존재감을 드러내는 사람들의 공통점은 상대방의 말을 경청할 줄 알고 공감할 줄도 안다는 것이다. IQ에 상응하는 EQEmotional Quotient라는 용어를 탄생시킨 심리학자 다니엘 골먼은 이러한 종류의 경청 기술을 몰입이라 칭했다. 그는 몰입이란 "일시적인 교감을 넘어서서 소통을 증진시키는 방법으로, 완전하고 지속적인 존재감을 드러내는 것"이라고 하며, "우리는 모두 의도적으로 더 주의를 기울이는 것만으로 몰입을 촉진할 수 있다."고 했다.

여기서 나아가 골먼은 진정한 경청이란 "서로 '주고받는' 대화를 나누되 무조건적으로 대화를 들어주는 것"이라 정의를 내렸다. 이러한 경청이야말로 최고의 관리자를 만드는 자질이라고 골먼은 주장한다.[9]

나는 특히 '무조건적인 경청'이라는 골먼의 용어가 마음에 든다. 상품을 팔거나 당신의 의견을 입증하기 위해서가 아니라 사심 없이 상대방의 말에 귀를 기울이는 것이다. 그것은 어쩌면 스티븐 코비가 말했듯 "먼저 상대방을 이해하려고 노력하는 것"[10]일지도 모른다. 어쨌든 이렇게 하려면 굉장한 집중력이 필요하다.

하지만 겁먹을 필요가 없다. 매사에 너무 진지하고 심각하기보다는 필요할 때만 강약을 적당히 조절하면 된다. 예컨대 잠시나마 직원들과 함께 지내며 온전히 그들에게 집중할 수 있는 시간을 보내는 것도 방법이다. 경청에서 중요한 것은 당신의 '의도'가 아닌 당신의 '태도'다.

내성적이거나 예민한 사람들은 사람들을 사귀기보다 혼자 있는 시간을 더 즐긴다. 팀을 관리하기보다 단독으로 업무를 책임지고 해결하려는 성향이 강하지만 그렇다고 리더가 될 수 없는 건 결코 아니다. 그 누구보다 상대방의 말을 주의 깊게 잘 듣고 잘 관찰하기 때문이다. 피터 드러커도 이런 말을 남긴 적이 있다.

"다른 사람의 관심을 끌려고 노력하기보다는 다른 사람에게 진심으로 관심을 기울임으로써 더 많은 친구를 사귈 수 있다. 컨설턴트로 나의 가장 큰 장점은 무지해서 남에게 많은 질문을 던진다는 것이다."

내향적인 엔지니어인 존 피트러스키비치도 이 점을 강조했다. 존은 내향적인 사람들은 사색자이며 훌륭한 경청자라며, "말을 해서 배울 수는 없다. 들어야 배울 수 있다."고 했다. 그는 외향적인 사람들 중 다수는 상대방의 말에 귀를 기울이려 하지 않아 소통을 잘하지 못한다고 했다.

내가 만난 사람들 대부분과 마찬가지로 존 역시 경청은 훈련을 통해서 갖춰질 수 있으며 누구나 개발할 수 있다고 생각했다.

프레젠테이션에서 '침묵'을 효과적으로 사용했던 트레이너 케빈 호스트는 직장에서 리더십을 발휘하는 데 다음과 같은 기술을 적용한다고 밝혔다. 케빈은 먼저 목표와 기한을 알린 후에는 팀원들의 아이디어와 제안에 귀를 기울이는 데 대부분의 시간을 투자한다고 했다. 지시보다는 의견을 먼저 구하면서 팀원들이 스스로 문제를 해결할 수 있도록 격려를 주는 것이다. 팀원들이 제시한 아이디어와 제안이 아무리 터무니없고, 아무리 비현실적으로 보이더라도 직접적인 판단이나 평가를 하지 않는다고 한다.

총무부 관리자인 스티븐 비겔로도 케빈과 마찬가지였다. 스티븐은 조직의 목표와 목적, 임무를 제시한 다음 팀원들이 스스로 해답을 내도록 내버려두는데, 그의 경우에도 아주 효과적이라고 했다. 인간적 면모를 가진 리더들이 대개 그렇듯, 스티브 역시 상대방의 말을 경청할 때 따뜻하고 융통성 있게 적용했다. 사람과 상황에 따라 말이다. 스티븐은 "그러려면 내가 먼저 기존의 틀에서 한 발짝 걸어 나와야 한다."고 했다.

이와는 반대의 입장도 있다. 어느 기업체 사업개발부에서 부장으로 일하는 스콧 바이오럼은 내향인이라고 해서 당연히 훌륭한 경청자가 되는 것은 아니라고 말한다. 스콧은 "사람들이 내향적인 사람들에게 자신의 생각을 솔직히 털어놓는 것은 내향적인 사람들이 그들에게 부정적인 의견을 내놓거나 비난할 가능성이 더 적기 때문"이라고 꼬집어 이야기한다.

그럼에도 개선의 여지는 존재한다. 스콧은 내향적인 사람은 경청이라는 힘을 적극적으로 활용해 이상적인 관리자가 될 수 있다고 말한다. "나는 전반적으로 소극적이고 조용해서 사람들은 주저하지 않고 내게 속내를 털어놓았어요. 덕분에 나는 비교적 수월하게 정보를 수집하고, 그 정보를 분석하고, 적절한 때에 방향을 설정할 수 있었지요."

표정에 따라 결과가 달라진다

남아프리카공화국의 위대한 지도자인 넬슨 만델라를 떠올려 보자. 그는 자신을 가리켜 특별한 상황으로 인해 지도자가 된 그저 평범한 사람이라고 말했다. 그럼에도 수많은 보통 사람들의 삶과 영혼을 감싸주었다. 만델라로 하여금 이 모든 것들을 동원할 수 있게 한 힘은 무엇이었을까? 만델라는 남의 말을 경청하려고 노력했기 때문이라고 한다.

"나는 남아프리카공화국의 리더로서 가장 기본적인 원칙을 언제나 지켜왔다. 나는 어떤 회의, 토론의 장에서건 내 의견을 말하기 전에 참석한 사람들이 각자 무엇을 말하려는지 경청하기 위해 노력했다."

또 한 가지 특별한 이유가 있었다. 만델라는 어떤 상황에서든 환한 미소를 지었다. 만델라의 미소는 남아공 백인들에게는 포용과 통합을 상징했으며, 흑인 유권자들에게는 희망과 승리를 상징했다. 만델라에게는 미소가 곧 메시지였다.[11]

환하게 미소 짓는 사람들을 만날 때면 자기도 모르게 기분이 좋아진다. 하지만 남을 웃기는 것보다 더 중요한 건 스스로 잘 웃는 것이다. 웃다 보면 자신도 모르게 밝은 표정을 짓게 되고, 밝은 표정은 삶에 활기를 준다. 나는 이에 대해 정말 놀라운 경험을 한 적이 있다. 내가 얼굴을 찌푸리며 어려운 요가 동작을 따라할 때마다 요가 스승은 미소를 지어보라고 말했다. 희한하게도 얼굴

근육을 움직이는 이 행위를 하면 포즈 잡기가 더 쉬워지고, 마음을 고요하게 집중할 수 있었다.

웃음은 마음의 여유와도 같다. 웃음이 잘 나오지 않는다는 말은 바꿔 말하면 마음의 벽을 견고하게 쌓았음을 의미한다.

한번은 내가 평소에 존경하던 여성과 함께 회의에 참석한 적이 있다. 그녀는 영리하고, 통찰력이 있으며, 언제나 제 역할을 다 해내는 사람이었다. 하지만 불행히도 그 회의에서 그녀는 누굴 잡아먹기라도 할 듯이 인상을 쓰고 있었다. 다른 사람과 눈이 마주쳤을 때라도 미소를 지어주었더라면 접근하기 힘든 사람이라는 인상을 남기지는 않았을 것이다.

베스트셀러 작가 말콤 글래드웰은『블링크: 첫 2초의 힘』[*12]에서 2초 동안 무의식 영역에서 이루어지는 순간적 판단의 과정을 보여주면서, 사람들의 행동이나 표정 뒤에 숨겨진 본심을 읽는 법을 밝히고 있다. 그 미세한 차이를 알아차리는 사람만이 이면까지 들여다보고 '상대가 무엇을 원하는지' 진정한 마음을 읽는 자가 될 수 있다.

사람은 의식적으로 '매우' 노력하고 통제하려고 해도 무의식중에 드러나는 미세근육의 움직임을 통제할 수가 없다. 이 책이 출판된 뒤로 미세표정이라는 개념이 더 많은 관심을 받았는데, 이 개념은 원래 비언어 커뮤니케이션 분야의 세계적인 전문가 폴 에크먼 박사의 연구에서 출발했다. 에크먼 박사에 따르면, 사람의 얼굴 표정은 비언어적 의사소통의 주된 창구 역할을 담당하기 때문에 그 표정을 해석하는 데는 약간의 훈련이 필요하다고 한다.[13]

그의 책『얼굴의 심리학』을 읽어 보면 흥미로운 실험 결과가 소개되어 있다. 사람들의 입술을 당겨 가짜 미소를 짓게 했더니 놀랍게도 그것만으로도 행복할 때 활성화되는 뇌의 영역이 어느 정도 활성화되었다. 즉, 가짜 웃음으로도 어느 정도는 행복할 수 있는 셈이다. 하지만 가짜는 진짜를 이길 수 없다. 진짜 웃음만큼 효과가 있지는 않다. 진짜 웃음은 호르몬 분비를 증대시킨다. 또 진짜 기분이 좋아서 웃을 때는 15개의 안면 근육이 동시에 수축하며 특히 광대뼈의 중심 근육이 전기적 흥분 상태를 일으킨다. 자연스럽게 입이 벌어지고 이가 드러나게 되어 뺨의 근육도 봉긋해진다. 마치 넬슨 만델라의 미소처럼 말이다.

만델라의 웃음은 지금도 세상을 환하게 비추고 있다. 웃음은 전염이 되어 지켜보는 사람도 행복하게 만든다. 언제나 자신감이 넘쳐 보이게 하고 주위의 많은 사람들을 끌어 모은다. 상대방에 대한 적극적인 자세와 진심 어린 태도로 다가오기 때문이다.

영향력은 유명 인사들만의 전유물이 아니다. 평범한 우리도, 자그마한 행동 하나로도 존재감을 만들 수 있다. 어쨌든 미소를 짓는 데 아주 많은 노력이 필요한 것은 아니지 않은가.

소통 근육을
키우는 법

　1980년대에는 현장 경영, 즉 끊임없이 현장을 돌아다니면서 경영하라는 이론이 강세였다. 관리자들이 개인사무실에서 나와 직원들과 이야기를 나누도록 독려하기 위한 아이디어였다. 당시 로서는 혁명적인 아이디어였지만 오늘날에는 당연하게 받아들 여지고 있다. 하지만 오늘날 기업 현장은 과거보다 훨씬 복잡하 기 때문에 이 당연한 아이디어를 항상 지키기가 힘들다. 함께 일 하는 사람들과 이야기를 나눌 시간조차 모자라기 때문이다.

　고객서비스 부서 관리자인 에밀리는 관리직으로 승진한 이후 사무실에서 좀처럼 나가질 않으며, "컴퓨터로 보고서를 작성하 고, 컴퓨터로 의사소통을 하고 싶은 유혹에 빠진다."고 토로했다.

　소통 근육을 강화시키고 싶다면 주변에 지원 시스템부터 구축 해야 한다. 홀로 지내는 시간이 아무리 소중하더라도 일주일에 한 번쯤은 비공식적인 자문단과 일대일로 이야기를 나누거나 글 로 의사소통을 할 시간은 낼 수 있다. 코치를 고용해도 좋고 멘토 를 요청해도 좋고 경력이 풍부한 팀원들에게 의지해도 좋다.

　내 상사였던 존은 존재감과 준비 단계의 도구를 혼합한 대화 보조 도구를 사용했다. 존은 직속 부하 직원 각각의 이름을 적은 색인 카드를 가지고 다니며 일주일 동안 그 카드에 해당 직원에게 주는 피드백과 구체적인 질문들 및 새로운 아이디어들을 적었다. 그리고 주기적으로 직원들을 한 명씩 찾아가 그 목록의 내용을 주제로 대화를 나누었다.

직원들은 모두 지나치게 꼼꼼한 존을 농담거리로 삼았지만, 사실 내심으로는 그 주에 존이 자신의 카드에 무엇을 적었는지 궁금해 죽을 지경이었다. 존은 만반의 준비를 해 시간을 아주 효율적으로 사용할 뿐 아니라, 직원 개개인에게 인정받는다는 느낌을 심어 주었다.

나와 인터뷰를 한 어느 프로그램 관리자는 자신이 칭찬한 직원들과 그 칭찬 덕에 실적이 향상된 직원들의 이름을 기록해두고, 그러한 피드백을 한 횟수를 기록해두는 방법을 추천했다. 측정할 수 있는 목표를 세워 두면 그만한 성과를 낼 수 있으므로, 이렇게 기록을 해두면 직원들에게 긍정적인 피드백을 하는 횟수가 증가할 것이다. 자발적 혹은 즉흥적으로 얼굴을 맞대고 이야기를 나누는 것이 선뜻 내키지 않는다면, 이러한 방법들을 사용해보자.

갈등을 회피한다고 해서 갈등 자체가 없어지는 것은 아니다

갈등은 사람들 사이의 의견 충돌을 뜻한다. 뜻 자체는 부정적이지 않지만, 우리 중 많은 사람은 팀원들이 동의하지 않거나, 직원들이 맞받아치거나, 상사들이 의문을 제기할 때 불편해한다. 하지만 갈등은 자연스럽고, 필요하며, 정상적인 것이라는 사실을 명심하자. 사실 서로 다른 아이디어들로 인한 긴장감이 없다면 문제점을 해결할 창조적인 답이 나올 수가 없다.

앞에서 소개한 사업개발부 담당 부사장 밥 샤크는 갈등을 두려워하지 않는다. 그는 사람들에겐 저마다의 생각과 의견이 있다는 점을 받아들이고, 오히려 먼저 거센 불길을 유발할 재료를 제공한다. 즉, 팀원들에게 토론거리를 담은 이메일을 보내 팀원들이 수도 없이 옥신각신하며 토론을 벌이도록 유도하는 것이다. 그렇게 거센 불길이 꺼진 후에 남는 것은 의견 합의와 그에 따른 행동이다. 또 갈등을 생산적인 행동을 이끌어내기 위한 수단으로 이용할 수도 있다. 내향적인 팀원과 외향적인 팀원 모두를 참여시키기 위해 대화 과정을 조율해보는 것은 어떨까?

갈등을 건설적으로 이용하는 것은 어려운 도전 과제다. 관리자들에게 필요한 능력이기도 하다. 당신은 문화적 배경과 인종이 다른 팀원들을 관리하게 될 수 있으며, 어쩌면 이미 전 세계의 고객들 및 판매사들, 파트너들과 함께 일하고 있을지도 모른다.

한 내향적인 네덜란드 출신의 관리인은 네덜란드 직원들의 경우 그녀가 지속적으로 건설적인 조언을 해주길 바라는 반면, 미국의 직원들은 직접적인 피드백에 좀 더 민감하게 반응하는 편이라고 했다. 따라서 그녀는 각 팀의 분위기에 따라 효율적인 방법을 적용한다고 했다. 리더인 당신은 이러한 사안들을 헤쳐 나갈 방법을 더 많이 배울수록 더 앞서나가게 될 것이다.

아닌 건 아니라고 말할 줄 알아야 한다

적극성과 공격성은 자주 혼동된다. 하지만 적극성은 공격성처럼 상대방에게 싫어하는 자극을 가함으로써 괴롭히거나 모욕하는 게 아니다. 적극성은 직접적이고, 개방적이며 솔직한 커뮤니케이션이라고 할 수 있다. 직접적인 게 꼭 나쁜 건 아니다.

여기 개선이 필요한 레스토랑이 있다고 가정해보자. 하지만 고객이 내향적이라 불만이 있으면서도 말을 하지 않는다면 레스토랑의 발전에 도움이 되지 않는다. 고객은 만족스러운 식사를 하지 못하고, 식당은 서비스를 개선할 기회를 잃어버린다.

신입 관리자들 중 상당수는 사람들의 기분을 맞춰주거나 갈등을 피하기 위해 적극적으로 자신의 의견을 피력하지 못한다. 그리고 그 결과 분노와 좌절이 쌓여 수동 공격적인 성향을 보일 수 있다. 이러한 사람들은 직장에서 "그 얼간이"라든가 "지옥 같은 상사"라는 평판을 얻게 마련이다. 태미라는 리더는 그러한 수동 공격적인 성향 때문에 직원들의 마음을 얻지 못했다. 태미는 평소에는 말이 없는 편이지만, 일단 입을 열면 냉소적이고 가시 돋친 말만 해 부하 직원들이 수시로 그만두는 사태가 벌어졌다.

인생에서나 직장에서나 당신이 필요한 것을 요구할 때는 직접적이고 개방적이며 솔직한 태도가 필요하다. 시드 밀스타인은 GE의 임원으로 회사 전체에 식스 시그마six sigma를 도입하라고 지시가 떨어졌을 때 어디서부터 손대야 할지 막막했다고 한다. 도입 초기에 관리자들의 참여가 저조했고, 직원들의 저항도 심했기 때문이다. 결국 그가 전면에 나서서 자신의 존재를 드러냈다. 직원들의 말에 귀를 기울이며 직원들이 질문을 던지면 기꺼이 답변하며 대화에 참여했다. 그렇게 대화를 통해 GE의 모든 제품과 비즈니스 프로세스에서 무결점 수준으로 끌어 올리는 식스 시그마가 왜 필요한지에 대해 분명하게 설명하자 직원들 모두 불평하지 않고 순순히 받아들였다.

적극적으로 자신의 의견을 피력하며 의사소통을 하는 자세는 리더나 관리자가 갖춰야 할 덕목이자, 평소에 부하 직원과의 거리감을 줄일 수 있는 수단이라는 사실을 잊지 말자. 도움이 필요하면 언제라도 나를 찾으라는 메시지를 전달할 수 있을 뿐 아니라 회사 내 모든 직원이 전략을 이행하는 데 기여하도록 할 수 있다.

제대로 조직을 알려면 조직의 생리를 파악하고 있어야 한다

전문 분야에만 국한하지 말고 당신이 속한 조직과 업계에 대해 더 많은 것을 배워라. 앞에서 이야기를 나눈 조화나 전체상처럼 팀 업무와 조직의 비전을 결합하는 법을 배워라. 업계의 트렌드를 지속적으로 따라가다 보면 고위 경영진에게 이러저러한 방향들을 제안할 수도 있다. 요즘 같은 지식경제 시대에는 어떤 아이디어를 내느냐가 당신의 가치를 결정한다. 창의적 혁신을 요구하는 업무가 많기도 하고, 무형의 가치가 중요한 요소로 등장했기 때문이다.

또 조직에 대한 감각을 한껏 계발하라. 당신이 속한 조직이 어떤 성과를 원하는지를 알아내자. 비용 절감이나 수익 증대가 될 수도 있고 가치 창출일 수도 있다. 당신이 속한 조직에 가장 중요한 이득은 무엇인가? 교육 단체와 정부, 비영리 조직들은 각자가 생각하는 성공의 척도가 다르다. 성취해야 하는 것이 고객 수를 늘리는 것인가, 아니면 보조금을 얻어내는 것인가? 조직의 이익과는 별개로, 당신의 고객들에게 정말로 중요한 것이 무엇인지 알아내자. 현장을 둘러보고, 조직의 다른 분야에서 임시 업무를 맡아보라. 그러다 보면 당신의 업무가 조직과 어떻게 연결이 되어 있는지를 훨씬 더 깊이 이해하고 통찰할 수 있으며, 더 눈에 띄는 성과를 얻을 수 있다. 그 결과 당신의 팀에 더 큰 비전을 제시할 수 있을지도 모른다. 기존의 틀에서 크게 한 발짝 벗어나야 할 수 있는 일인지도 모르지만 절대 후회하지는 않을 것이다.

관리자가 된다는 것은 모두가 할 수 있는 일이 아니다. 어느 내향적인 인적자원 관리부 담당 임원은 내게 이렇게 말했다. "난 언제나 관리직이 불편하기만 했고 그냥 혼자 일하는 편을 선호했죠. 하지만 사명감을 가지고 업무에 임하다 보니 그런 불편한 마음을 극복할 수 있었어요. 스스로에게 이건 개인적인 발전과 경력 발전을 이룰 기회라고 되뇌어 왔죠!"

그가 감내한 희생이 가치가 있다고 느끼길 바란다. 당신 또한 그러한 변화를 취할 것인지 말 것인지 결정을 내려야 한다. 기존의 틀에서 벗어나 새로운 가능성을 찾는 것이 발전을 지속하는 길이다. 그 길을 걷다 보면 당신에게는 사람들에게 영감을 불어넣는 숨은 재능이 있다는 것을 발견하게 될지도 모른다. 혹은 관리하고 이끄는 일이 너무 버겁게 느껴지고 위험을 감수할 만큼의 보상도 돌아오지 않는다고 생각하게 될지도 모른다. 하지만 분명한 건 '내향적인 성격'이라는 평계로 이 모든 일을 회피할 수만은 없다는 것이다.

매사에 부정적으로 생각하는 사람들을 위한 어드바이스

"인생을 결정짓는 것은 우리가 처한 환경이 아니라 이를 대하는 우리의 태도에 달린 것이다."

- 넬슨 만델라

프로젝트를 성공적으로 이끄는 방법

　건축 회사에 다니는 다니엘은 상사로부터 현재 건설 중인 공사 진행 상황을 확인해달라는 부탁을 받았다. 다니엘은 회사를 옮긴 지 얼마 되지 않았지만 직원들에게 신임을 받고 있었다. 그는 적극적으로 사람들과 어울리며, 정보를 활용해 자기 업무에 빠르게 적응해갔다. 그날도 마찬가지였다.

　다니엘은 픽업트럭을 공사 현장에 대고 현장 반장인 밥을 만나 커피 한 잔을 마셨다. 밥은 다니엘과 함께 고속도로를 타고 가면서 건축자재를 제때 배달해 주지 않는 하청업체 문제를 털어놓았고, 다니엘은 밥과 즉석에서 그 하청업체 문제를 해결하기 위한 계획을 세웠다.

픽업트럭 안은 아니더라도, 그런 비공식적인 자리에서 생산적인 업무 대화를 나눠본 적이 있는가? 만약 있다면 그러한 비공식적인 자리에서 당신이나 상대방이나 솔직한 대화를 나누기가 더 쉽다는 사실을 깨달았을지도 모른다. 편안한 분위기에서는 누구나 부담 없이 질문을 하고 조언을 받을 수 있다. 어떤 경우에는 비공식적인 대화의 자리가 친목을 도모하거나 의견을 말할 때에 보다 더 안정감 있게 느껴질 것이다.

만약 어떤 문제가 생겨 생산적인 해결책을 찾고 싶다면 그 문제에 관한 전문가나 영향력을 발휘하는 사람들에게서 돌아가는 사정을 알아내는 것이 필수다. 리더십 다음으로 중요한 능력은 프로젝트 매니지먼트 능력이다. 프로젝트가 성공적으로 진행될 수 있도록 관리하는 것이 관건이다.

당신만의 좁은 세계에서 벗어나면 그것은 가능하다. 당신만의 세계에서 걸어 나와 각 전문 분야에서 활약하는 직원들을 먼저 찾아가 만나보아야 한다. 물론 독립적으로 생각하고, 문제를 정의하고 해결하는 등 당신만의 관리 방식을 개발하는 것도 바람직하다. 그러나 기업 입장에서는 당신의 전문적 기술과 개성뿐만 아니라 조직의 일부분으로 만드는 문제 역시 중요하다. 다시 말해 업무적으로 도와줄 선배나 동료의 조언을 얻기도 하고 팀워크를 발휘하여 시너지 효과를 최고도로 높일 수 있어야 한다.

모든 일을 할 수 없다는 사실부터 인정하자. 다른 사람의 도움을 받는 것은 창피한 일이 아니다. 각 분야에서 최고의 조언이나 도움을 줄 사람을 찾아 그들의 이야기를 들어보라. 정말 큰 도움이 될 것이다.

프로젝트를 관리하려면 계획을 세워야 하고, 홀로 있을 시간이 필요하긴 하지만 그래도 역시 사람들을 직접 만나봐야 한다. 프로젝트의 후원자, 팀원들, 그리고 프로젝트에 영향을 미치는 그 외의 관계자들을 모두 만나 대화를 나눠봐야 한다.

사람들이 당신을 도울 수 있도록 만드는 법

프로젝트 매니지먼트는 업무를 처리하는 주요 방법으로 연구나 개발을 위한 계획의 관리를 뜻한다. 이 용어는 IT 분야에서 처음 생겨난 것으로 현재는 마케팅, 금융, 인적자원 관리 분야에서도 널리 사용된다. 프로젝트를 수행하려면 다양한 분야의 직원들이 필요하며, 프로젝트를 성공적으로 이끌려면 대인 기술과 리더십 기술, 전문지식, 그리고 사업 감각이 필요하다.[*1] 여기서는 내향적인 관리자나 조직의 리더가 프로젝트를 성공적으로 이끌기 위해 필요한 대인 기술 및 리더십 기술 몇 가지를 중점적으로 살펴보도록 하겠다.

누군가의 멘티에서 또 다른 누군가의 멘토로

내게 코치를 받는 고객 중 한 사람인 제인은 어느 날 자신의 상사 이야기를 들려준 적이 있다. 내향적이고 조용한 성격에 가까운 그가 상사의 도움으로 최근 프로젝트에서 중요한 역할을 할 수 있었다고 밝혔다. 그는 회의가 열리기 전에 제인을 따로 불러 만나보고 서류를 검토하고 분석해 제인을 격려했다고 한다. 그뿐만 아니라 제인에게 팀원 개개인이 원하는 것과 팀원들에게 던질 만한 적절한 질문을 코치해주었다. 제인은 이러한 사전 작업으로 자신감을 얻었고, 그 결과 프로젝트에 더 완전한 기여를 할 수 있었다고 말한다.

프로젝트 매니지먼트 전문가인 알렉스 브라운은 조직의 관리자들이 팀원들의 멘토 역할을 해야 한다고 강조한 바 있다. 일부 조직들의 경우 부서 관리자들이 팀원들의 경력 개발이나 업무 능률에만 신경을 쓰는데, 견고한 팀을 만들려면 멘토링 능력을 개발할 필요성이 있다고 주장한다.

멘토링은 팀원들의 성장을 장려할 뿐만 아니라 주인 의식과 책임감을 공유하게 만든다. 멘토는 자신의 업무를 수행하는 데 있어서 도움을 받을 수 있어서 좋고 멘티는 조언과 가르침을 얻으며 자신의 역량을 한층 높일 수 있어서 좋다.

선택의 기로에 있을 때, 도무지 해결의 길이 보이지 않을 때 믿을 만한 멘토가 있으면 힘이 된다. 그리고 잊지 말아야 할 것은,

믿을 만한 사람을 곁에 두고 싶다면 자신이 먼저 믿을 만한 사람이 되어야 한다는 사실이다. 지금 당신의 멘토는 누구인가. 또 당신은 누구의 멘토로 있는가. 그 질문에 스스로 답해보길 바란다.

사람을 다루는 최고의 기술, 신뢰의 힘

마크는 대형 회계법인의 정보기술 분야 프로젝트 매니저로 일하며, 조곤조곤하게 말하는 조용한 성격을 가지고 있다. 자신의 세계 속에서 차분하게 일에 열중하는 그런 마크가 커다란 곤경에 처한 일이 있었다. 바로 그가 계획한 지난 세 개의 회의에 팀원들이 반밖에 참석하지 않은 것이다. 팀원들은 회의에 참석해 결정을 내려야 하는 당사자였고, 덕분에 회의가 제대로 진행되지 않아 프로젝트 진행이 지지부진했다. 왜 그런 일이 발생한 것일까?

마크는 프로젝트 초기에 팀원들 개개인과 이야기를 나누지 않았고 팀원들에게 왜 그들의 참여가 중요한 것인지를 설명해주지 않았다. 또 마크는 이 프로젝트가 팀원들과 부서, 그리고 크게는 조직에 어떠한 이익을 안겨주는지에 대한 일체의 설명도 하지 않는다.

나는 마크에게 먼저 팀원 개개인과 면담 스케줄을 짜 회의에 참석하지 않은 이유를 더 알아내 상황을 수습하라고 조언했다. 팀원들이 무엇을 필요로 하고, 무엇을 우선시하는지 좀 더 이해하지 못한다면 팀원들에게 영향력을 발휘할 수가 없기 때문이다. 준비 작업을 한 후 팀원들과 이야기를 나눠보면, 무엇을 필요로 하고 무엇을 꺼리는지를 알아낼 수 있을 것이다. 팀원들이 우려하는 이유가 무엇인지까지 말이다.

마크는 내향적이라 사람들과 일대일로 대화하는 편을 선호하고 상대방의 말을 진지하게 경청할 줄 알기 때문에 이러한 진상 조사 과정에 적합한 성격이었다. 어쩌면 그는 회의 시간을 조절해야 할 수도 있었고, 프로젝트 멤버의 상사를 설득해야 할 수도 있었다. 하지만 팀원들의 헌신을 얻으려면 무엇보다 먼저 질문을 던져야 했다.

나는 마크에게 팀원 분석을 해보라고 제안했다. 프로젝트 팀원들의 성향을 분석해 그에 맞게 대처해야 한다고 말이다. 각 팀원들이 필요한 정도(꼭 필요함, 중간, 혹은 꼭 필요하지 않음)에 따라 계획을 세우는 게 보다 효율적이기 때문이다. 이 전략은 팀원이 프로젝트에 참여하도록 설득하기 위해 얼마나 노력을 기울여야 할지, 그리고 각 팀원을 어떤 방식으로 설득할지도 결정할 수 있다는 장점도 있다. 예를 들어 어떤 직원에게는 프로젝트에 참여함으로써 얻을 수 있는 이익을 간단하게 적은 이메일만 보내도 통할 수 있는 반면, 또 다른 직원에게는 계획서를 만들어 공식적인 프레젠테이션을 해야 할 수도 있다. 이런 식으로 전략을 짜면 더 이상의 문제가 발생하지 않을 것이라고 설득했다. 마크는 내 조언에 따라 그 방법을 써보았다. 결과는 대성공이었다. 다음 회의 때는 전원 참석이었다.

기대의 심리학

오래전 나는 운영이 엉망진창인 어느 자원봉사 프로젝트에 참가한 적이 있다. 프로젝트 매니저가 팀원들에게 전체적인 비전을 제시하긴 했지만, 업무 분할이 제대로 이루어지지 않아 팀원들의 역할이 모호했다. 게다가 점검 절차도 확실히 세워두지 않았고 규칙들과 책임자가 툭하면 바뀌었다. 이에 팀원들은 의욕을 잃고 좌절했고, 프로젝트의 결과 역시 실망스러웠다.

그와는 정반대의 느낌을 주는 프로젝트도 있었다. 나는 시간과 자원을 효율적으로 사용해 성공을 이뤄낸 프로젝트에도 여러 번 참가해보았다. 이곳 관리자들에게 프로젝트 성공의 비결을 물어보면, '팀원들에게 기대치를 말해 주는 것'이라고 입을 모으며, 팀원들에게 "이 프로젝트의 궁극적인 목표가 무엇인가? 결과를 성취했는지를 어떻게 측정할 것인가?"를 물어보았다고 한다.

제약회사 넥스바이오의 프로젝트 매니저인 에리카 플로라는 이렇게 말했다.

"매주 업무 진행 현황을 보고받고 싶다면, 프로젝트를 기획할 때 팀원들에게 알리세요. 미리 해두지 않으면 뒤늦게 팀원들에게 보고하라고 지시해봐야 제대로 따르지 않을 가능성이 높아요. 규칙과 책임을 분명히 제시하고 정확한 기한을 알려야 합니다. 누가 어떤 일을, 언제까지 해야 하는지 모호하지 않게 분명히 말해 두세요. 난 내성적인 사람이라 그 덕분에 두려움과 압박감을 많이 덜었고 팀원들이 지속적으로 프로젝트에 참여하게 만들 수 있었어요."

서면으로 의사소통을 하면 앞에 나서서 말로 설명하는 것을 최소화할 수 있다. 비영리기관에서 근무하며 프로젝트 팀과 나눌 유용한 형태의 의사소통 방식을 고안해낸 한 내향적인 관리자의 성공 사례를 참고할 필요가 있다.

그녀는 프로젝트와 프로젝트 마감 목표일, 그리고 프로젝트에 참가하는 팀원 목록과 각 팀원들이 맡은 업무와 그 마감 일자를 적은 서류를 한 장 만들었다. 그런 뒤 그 서류를 팀원들에게 돌려 반응을 보고 수정하고, 이 서류에 팀원을 인정하고 격려하는 말도 반드시 넣었다. 또 프로젝트가 진행되는 동안 팀원들이 의문이 생기고 장애물에 부딪쳤을 때 언제든 찾아와 의논할 수 있는 분위기를 조성했다. 이렇게 해서 그녀는 프로젝트의 진행 사항과 함께 핵심 메시지가 무엇인지를 팀원들과 공유함으로써 소규모 조직에서 흔히 발생하는 의사소통 문제를 관리할 수 있었다.

내향적이지만
훌륭한 성과를 일궈낸 사람들

자신의 분야에서 성공한 내향적인 사람들은 공통점이 하나 있다. 바로 자신의 성격의 외향적인 부분과 내향적인 부분을 적절히 활용할 줄 안다는 것이다. 내향적인 속성과 외향적인 속성이 함께 작용하여 균형을 이루기란 대단히 어렵다. 그럼에도 자신이 맡은 바 역할과 책임을 다하는 그들을 볼 때면 정말이지 마음속에서 존경심이 우러나온다.

이들은 문제 해결 기회를 즐기며, 사람들과 직접 대화를 나누는 것을 피하지 않는다. 조직에서 여러 가지 다원적인 역할을 수행하려면 사람들과 어울리는 것이 얼마나 중요한지 알고 있기 때문이다. 또 이들은 비전문가들도 알아듣기 쉽게 분명하게 의사를 전달하며 조직 안팎의 사람들 사이에서 훌륭한 매개자 역할을 한다.

기술이나 지식이 아무리 뛰어나도 사람과 사람을 이어주는 것보다 더 중요한 역할은 없을 것이다. "소프트웨어 개발에서 더 나은 실적을 얻기 위해서는 기술적인 측면보다 인간적인 측면이 더 중요하다"[2]는 어느 작가의 말처럼 말이다.

정보가 생명이다

내향적인 프로젝트 매니저인 에리카 플로라는 언제나 내향적인 팀원들의 견해를 프로젝트에 반영한다. 그렇게 하지 않으면 훌륭한 아이디어들을 놓치게 될 거라 생각하기 때문이다. 이를테면 에리카는 회의를 할 때면 팀원 한 사람씩 이름을 호명하고 의견을 묻는데, 팀원들에게 그들의 의견을 소중하게 여긴다는 느낌을 주기 위해서라고 설명했다.

또 다른 내향적인 프로젝트 매니저 C.J. 도젤로는 이렇게 말했다. "저는 사람들이나 그룹 앞에 서는 상황이 오면 리더로서 존재감을 드러내기 위해 스스로에게 채찍질을 합니다. 사실 저는 뒤에서 조용히 일하는 것이 훨씬 편하거든요. 게다가 아주 조용히 혼자만의 생각에 빠질 때가 있어요. 제가 그런 문제점을 의식적으로 바로잡지 않는다면, 리더로서 업무를 효율적으로 수행하지 못할 수 있습니다. 혼자만의 생각에만 빠져 있으면 팀원들은 제가 혼란스러워하고 방향을 잡지 못한 것으로 받아들일지도 모르니 팀원들을 프로젝트에 참여시키고 일을 진전시키려면 의식적으로 좀 더 표현을 많이 해야 해요."

메시지마다 어울리는 수단이 있다

직접 얼굴을 마주하고 대화를 나누는 데 따르는 효과를 과소평가해서는 안 된다. 그중에서도 일대일 커뮤니케이션은 중요한 소식을 전달할 때나 프로젝트를 진행할 때, 팀을 칭찬할 때, 혹은 여러 사안들과 문제점들을 해결할 때 적합한 방법이다. 이러한 일대일 커뮤니케이션은 질문을 하고 그 질문에 대답을 바로 할 수 있기 때문에 보다 구체적이고 분명한 피드백을 줄 수 있다는 점에서 효과적이다. 물론 상대방과 멀리 떨어져 있을 때는 전화로 대신할 수 있다.

그에 반해 이메일은 약속 내용과 자료 같은 정보를 전달하는 데 효과적이다. 보고서와 사업계획서 등이 이메일 형식에 적합하다. 문자와 메신저의 인스턴트 메시지는 신속하게 답변을 받을 수 있는 장점이 있어 즉석에서 계획을 짤 때 좋다.

이메일을 보낸 후 한 번 더 강조하고 싶다면 전화를 거는 게 가장 좋다. 상대방과 관계를 다지고 신뢰를 쌓고 싶을 때도 전화 통화를 하는 것이 유용하다. 이메일보다는 당신의 목소리와 톤을 들려주는 편이 상대방에게 더 친밀하고 긍정적인 감정을 전달할 수 있기 때문이다.

언젠가 나는 자레드라는 고객에게서 음성메일을 받은 적이 있었는데 메시지를 받는 즉시 자기에게 전화해달라는 내용이었다. 내가 전화를 하자 자레드는 고객으로서 민감한 문제를 이야기했다. 이메일로 써서 보냈더라면 내가 분명 오해할 수도 있을 법한 내용이었다. 자레드는 내 반응이 어떨지를 미리 고려해 그에 맞는 수단으로 전화 통화를 택한 것이었다. 덕분에 그에 대한 신뢰도가 즉각 상승했고, 꼬인 문제도 어렵지 않게 풀 수 있었다.

언제 어떻게 소통할 것인가의 문제는 내향인들에게 가장 어려우면서도 중요한 문제이다. 상대가 내향적일 경우도 마찬가지다. 언제 직접 대화를 나누는 것이 좋을지 까다롭게 선정하는 것이 중요하다. 내향인은 사람들을 너무 많이 만나다 보면 지쳐버릴 수 있기 때문이다. 드라마 〈커브 유어 엔수지애즘Curb your enthusiasm〉[3]에서는 등장인물 중 한 명으로 소심한 내향인이 나오는데, 몇몇 에피소드를 보면 누군가와 우연히 마주쳐 이야기를 나누는 것을 질색하는 내용이 나온다. 내향인은 이러한 피상적인 잡담을 부담스러워하는 경향이 있으므로, 다가설 때와 물러설 때를 잘 알아야 한다.

유명 블로거인 새넌 칼버는 네티즌에게 굉장히 인기를 끈 〈외향인인 척하기〉[4]라는 제목의 글에서 다음과 같이 말했다.

"최전방에서 물러나라. 우리는 외향인이 아니라 내향인이다. 우리가 매일, 항상, 모든 사람들과 이야기할 필요는 없다." 또 어떤 인상적인 말을 남겼을까? "팀 내의 외향인을 찾아내라." "프로젝트 팀 내에 대고객 부서를 만들거나 혹은 팀 리더를 따로 두거나 두 명의 프로젝트 매니저를 둔다면 인상적인 결과를 낳을 수 있다. 행운을 빈다, 친애하는 내향인 동료들이여. 그리고 명심하라. 화분에 심은 식물에 대한 이야기를 하려고 하루에 15번이나 당신을 찾아오는 사람에게 으르렁대는 것은 더 이상 용납되지 않는다는 것을!"

상황에 맞는 동기부여를 제공해야 좋은 결과가 있다

프로젝트 실적은 팀원들의 성격 구성과 직접적인 연관이 있다. 이에 관한 흥미로운 연구가 있다. 홍콩의 20개 소프트웨어 팀에 근무하는 92명의 정보 서비스 전문가들을 대상으로 팀 실적에 대한 인식을 조사하면서 동시에 본인이 내향적인지 외향적인지도 물었다. 그 결과 조사자들은 팀 리더와 팀원들 간에 성격 차가 있는 팀이 더 높은 실적을 낸다는 사실을 발견했다.[5]

그렇다면 이것은 무슨 뜻일까? 팀 리더가 팀원들의 성향을 알면, 그에 따라 팀원 각자에게 적절한 업무를 할당하고 동기부여를 하는 통찰력을 발휘할 수 있다는 뜻이다. 또 자신의 성격을 보완할 수 있는 성격의 팀원들을 선택할 수도 있다.

프로젝트 매니저의 도전 과제이자 기회 중 하나는 팀을 이끄는 데 있어 자신의 다양한 측면을 활용해야 한다는 점이다. 프로젝트 매니저는 외향인과 내향인의 섞인 환경에서 일할 때 말 그대로 "스위치를 켜야" 한다. 결과를 내기 위해서는 개인적인 영향력과 지위를 발휘해야 한다. 프로젝트 매니저인 도나 피츠제럴드는 이렇게 말했다.

"민첩한 프로젝트 매니저는 외향인과 내향인의 차이를 이해하기 때문에 프로젝트 팀에 한 가지 해결책만을 강요해야 할 필요가 없습니다. 운영팀(대개 외향적인 사람들로 이루어진 팀)은 원하는 만큼 회의를 자주 하거나 생각한 바를 곧장 입 밖에 낼 수 있고, 개발팀은 각자의 책상에 앉아 필요하다면 웹 공간의 토론방에서 공동으로 작업할 수 있죠. 그리고 양쪽 그룹 모두가 참석해야 하는 회의는 합의점을 찾겠다는 목표를 염두에 두고 수행할 수 있어요. 회의의 횟수를 줄이거나 회의 시간을 더 짧게 줄이고 분명한 의제를 내세우면 양쪽 팀 모두 만족스러워할 겁니다."

앞에서 언급한 프로젝트 매니저 C.J. 도젤로는 보고서를 제한하는 방법으로 외향적인 팀원들을 관리한다. 그녀는 외향적인 팀원들에게 "커다란 사교적 임무와 수다 떠는 임무"를 맡기는 법을 익혔다. 이렇게 하면 외향적인 팀원들은 자연스럽게 맡은 임무를 해내고 더 활발하게 프로젝트에 참여한다는 것이다.

C.J. 도젤로는 내향적인 성격이 팀원들 및 파트너들과 협상을 하고 동의를 얻어내는 데 큰 도움이 된다고 했다.

"저는 일대일로 대화를 나누는 상황에 아주 익숙해서, 상대방에게 내가 그 사람의 말을 경청하고 있다는 느낌을 전해주고 신뢰를 쌓죠. 저는 쉽게 딴 데 정신을 팔지도 않고 한 번에 여러 가지 업무를 하지도 않기 때문에 대화에 집중해 상대방의 기분을 좋게 만들어줄 수 있어요. 외향적인 동료들은 한 번에 여러 가지 일을 건드리는 경향이 있어서 아주 바쁘고 생산적인 사람으로 비칠 수 있어요."

앞에서 사례로 든 내향적인 비영리 프로젝트 매니저는 외향적인 사람들의 장점을 공공연하게 인정하려 노력한다고 덧붙였다.

외향적인 팀원들에게 목소리를 낮추고 잡담을 줄이라고 부탁해야 하는 상황도 종종 있지만, 그러한 성향이 부서에 긍정적인 영향도 미치기 때문에 너무 문제 삼지 않으려 노력한다. 반대로 내향적인 팀원들에게는 자신을 찾아와 일대일로 대화를 나누고 질문을 던지도록 독려하고 있다. 이렇게 팀원들 개개인을 매일 점검한 덕분에 팀의 분위기가 훨씬 좋아지고 있다고 한다.

남의 지혜를 빌릴 수 있는 능력

수년 동안 경영 수업을 진행하면서 신입 관리자들이 마스터하기 가장 힘들어하는 기술은 업무 위임이었다. 특히 성실하고 꼼꼼한 성격의 소유자일수록 그러한 경향이 두드러졌다. 무슨 일이든 스스로 직접 해야 직성이 풀리고, 남에게 쉽사리 맡기지 못하는 성격이기 때문이다. 일처리 또한 빈틈없고 꼼꼼한 편으로 '완벽주의자'라고 일컬어지는 유형이다. 이러한 사람은 쉽게 자신을 혹사시킨다. 일을 분담하지 않고 혼자 성공적으로 처리해도 환영받지 못한다. 조직은 결코 혼자 일하는 사람을 좋아하지 않는다. 업무의 수많은 전술적인 부분을 혼자 꼭 쥐고 있다면, 어떻게 직원들과 소통하고 신뢰를 쌓을 수 있겠는가? 이는 팀원이나 동료와의 신뢰를 깨고 팀의 효율성을 떨어뜨리는 행동이다.

효과적인 업무 위임도 능력이고 기술이다. 위임이란 내 일을 적절하게 아랫사람에게 넘겨주는 행위다. 일을 적절하게 위임하는 것이야말로 상사로서의 중요한 자질 중 하나로, 관리자들에게 가장 필요한 기술이기도 하다. 무척 쉬워 보이지만, 실제로 많은 이들이 이 업무 위임에 실패한다. 업무를 위임할 때 가장 큰 장애물은 진심으로 위임하지 못한다는 점이다. 이 사람들에겐 남에게 열쇠를 넘기지 못하는 나름대로의 중요한 이유가 있다. 나 또한 관리자로서 다 경험해 본 일이며 이러한 저항 때문에 내가 리더십 역할을 온전히 수행하지 못한다는 사실을 깨닫기도 했다.

내가 아는 한 기업은 업무 위임의 필요성을 깨닫고 '위임 훈련 프로그램'을 운영하고 있다. 위임하는 것을 배우는 것은 어렵지 않다. 직원 개개인의 능력을 파악하고 적임자에게 임무를 부과하며 직원들을 코치하면 된다. 직원들에게 이런저런 조언을 해 준 다음 직원들이 업무에 익숙해지면서 점차 손을 놓는 식이다. 그렇게 하면 보다 효과적인 위임이 이루어질 수 있다.

단, 위임을 할 때 염두에 두어야 할 점이 한 가지 있다. 준비 단계에서 자기 자신을 솔직히 들여다볼 시간이 선행되어야 한다는 것이다. 당신이 남에게 업무를 위임하지 못하는 중요한 이유는 무엇인가? 실무를 직원들에게 위임하지 못하게 만드는 잠재적 장애물이 무엇인가? 그 답을 알고 싶다면 다음의 〈표 5〉를 읽어보자.

| 표5 | 업무를 위임할 수 없는 이유

업무를 위임할 수 없는 이유	당신의 반론
❶ 다른 사람을 교육하는 데 아까운 시간을 내기 싫다.	① 이는 잠재적으로 대단한 보상을 거둘 수 있는 투자다. 부하 직원들에게는 자부심을 심어주고 나는 중요한 문제에 집중할 시간 여유가 생기니, 시간을 내 훈련을 시킬 만한 가치가 있다.
❷ 다른 사람은 그 일을 나처럼 처리하지 않을 것이다.	② 그래. 하지만 오히려 나보다 더 낫거나, 그냥 나와 다를 뿐일지도 모르지. 중요한 건 결과다.
❸ 결과에 책임지는 사람은 여전히 나다.	③ 그래. 하지만 업무를 잘해냈을 경우엔 팀원들과 함께 공로를 인정받을 수도 있잖아?
❹ 업무를 위임하기 힘든 주된 이유를 적어보자:	④ 당신의 반론을 이곳에 적어보자:

내향적인 내 친구 브루스는 최근 상사와 함께 박람회에 참가했다가 그를 존경하지 않을 수 없었다고 고백했다. 브루스의 설명에 따르면 그의 상사는 상황을 대처하고 사람을 움직이는 관리 능력이 뛰어난 인물임에 틀림없었다.

소프트웨어 디자이너인 브루스는 전시회 공간에 설치한 부스를 담당하게 되었다. 그가 맡은 업무는 부스를 찾아온 방문객들을 설득해 후속조치를 취할 상사에게 보내는 것이었다. 하지만 처음 몇 번의 시도는 참담한 실패로 돌아갔다.

잠깐 수다를 떨고 나면 대화는 중단되었고, 잠재적인 고객들은 다른 부스로 가버렸다. 그러자 그의 상사가 즉석에서 현명한 결정을 내렸다. 자신이 브루스와 역할을 바꾸기로 한 것이다. 그는 외향적이고 붙임성이 좋기 때문에 자신이 영업에 적합하다고 판단했다. 그가 "사냥감들"을 브루스에게 보내면 브루스가 전문적인 질문들에 차분하게 대답하기로 한 것이다.

이러한 발상의 전환 덕분에 브루스의 상사는 상황을 수습하고 잠재적인 고객들도 끌어모을 수 있었다. 브루스 역시 자신의 재능으로 회사에 기여를 했다는 기분을 느꼈으며 결국엔 모두가 만족스러운 결과를 낳았다.

이처럼 팀워크가 적절하게 적용되면 일의 능률도 오르고 성과도 의미 있게 향상된다. 한 가지 주의할 것은 팀원들에게 업무를 위임할 때에는 명확하게 제시하고, 그 업무를 완수하는 데 필요한 능력과 권한까지도 함께 주어야 한다는 점이다. 그래야 직원들의 동기 수준도 극도로 높아진다. 부하 직원에게 업무를 위임할 때는 이 점을 항상 염두에 두어라.

아무리 능력이 좋아도 혼자서 하는 일의 양에는 한계가 있는 법이다. 업무를 지시하고, 사람을 적절하게 조이고 풀면서 일을 추진하는 것이야말로 관리자의 특권이 아니겠는가.

공로를 나눌 때마다 더 많은 공을 인정받을 수 있다

존경받는 리더는 자기의 공로를 주장하지 않는다. 이를 팀 전체의 공로로 여기고 모든 동료들과 함께 기쁨을 나눈다. 한 프로젝트 매니저는 내게 "계획보다 업무를 빨리 마무리짓게 될 때면 팀원들과 대대적인 파티를 연다."고 답했다. 축하 파티를 하는 것도 방법이지만 인트라넷과 뉴스레터 같은 사내의 커뮤니케이션 도구들을 이용해 목표 달성 사실을 공개적으로 알리는 것도 좋다.

특히 팀원 개개인의 공로를 인정해주어야 한다. 이렇게 해야 팀원들에게 동기부여가 되며, 좀 더 실질적인 면에서 보자면 미래의 연봉 인상과 승진으로 이어진다. 『당근의 법칙』을 저술한 체스터 엘턴은 이렇게 말했다. "회사에서 자신의 가치를 인정해준다고 느끼는 직원들은 업무 참여도가 놓고, 회사의 성공에 분명한 기여를 할 가능성이 훨씬 크다."[6]

단, 모든 팀원들이 같은 방식으로 칭찬받길 원하지 않는다는 점은 꼭 명심하도록 하자. 나와 함께 일하던 팀원들 중에는 직원 회의에서 칭찬받는 것을 좋아하는 팀원도 있었다. 그와 달리 나와 파트너를 이루었던 한 연구원은 사람들 앞에서 인정받는 것은 원하지 않았지만, 그의 소속 팀 상사와 고위급 임원들에게 그에 대한 이메일을 보내주길 원했다. 이처럼 사람들이 어떤 보상을 선호하는지 안다면 아주 유용하다.

공로를 나누는 또 다른 방법은 프로젝트의 진행 상황을 프로젝트 관계자들에게 지속적으로 알리는 것이다. 이는 당신의 능력을 증명해줄 것이다. 주요 인물들에게 정보를 지속적으로 알린다면 당신의 실적이 중간에서 가로채일 가능성도 줄어들 것이고 동시에 눈에 띄는 존재감을 심어줄 수도 있을 것이다.

신중한 현실주의자가 돼라

오늘날 비즈니스 환경은 시시각각 매우 빠르게 변화하고 있다. 『새로운 프로젝트 매니지먼트』의 공동 저자인 에런 센하는 이렇게 말했다. "아직도 충분히 예측 가능한 프로젝트들이 존재하긴 한다. 하지만 대다수의 프로젝트들은 아주 불확실한 환경에서 진행되고 있으며, 너무나도 많은 변화가 일어나고 있기 때문에 그 어떤 프로젝트도 미리 모든 것을 다 계획하는 것은 불가능하다"[7]

업무의 일환으로 여러 프로젝트를 관리하는 당신에게 이것은 어떤 의미일까? 나는 앞서 팀원들 및 모든 관계자와 자주 그리고 분명하게 의사소통을 해야 한다고 이야기했다. 질문을 던지고, 상대방의 우려를 경청하고, 새로운 방향을 제시하는 것이 당신이 맡은 역할의 중요한 부분들이다. 물론 내향적인 사람에게 있어 이렇게 지속적이고 한결같은 커뮤니케이션은 부담이 될 수 있다.

그러나 변화의 바람이 거세게 불수록 당신의 신중한 준비성은 빛을 발할 것이다. 가는 길이 명확하게 보이지 않을 경우 사람들은 불안감을 느끼며 정보와 확신을 찾는 경향이 있다. 이럴 때 내향적인 당신은 차분한 평정심과 균형 감각으로 직원들을 도울 수 있다. 내 수업을 들은 어느 내향적인 리더는 팀 회의에서, 특히 다가오는 회사의 조직 변화에 대비한 설명을 하면서 스토리를 접목하는 데 성공했다고 크게 기뻐했다. 이처럼 스티커처럼 착 달라붙는 메시지를 전달하려면 사진과 스토리텔링 같은 독창적인 방법으로 커뮤니케이션에 활기를 불어넣는 것도 방법이다.

변화의 시기에 사용할 수 있는 또 다른 전술은 지속적으로 대인관계를 강화하는 것이다. 그렇게 하면 당신이 속한 조직 내의 현재상과 미래상, 그리고 그것이 당신의 부서에 미칠 영향에 대해 더 많은 것을 배울 수 있다. 나의 옛 상사 한 명은 이를 아주 잘해서 시기적절하게 우리 팀의 방향을 이끌었고 회사에서 반드시 필요로 하는 임무를 수행함으로써 팀 전체를 살릴 수 있었다.

웃음은 전염이 된다

피아니스트이자 코미디언인 빅터 보르주는 이렇게 말했다. "두 사람 사이를 가장 가깝게 만들어줄 수 있는 것은 미소다."

당신이 조직에서 한층 더 발전할 수 있는 기회를 찾고 있다면 반드시 이 점을 명심해야 한다. 대인관계야말로 성공의 비결이라는 것을. 기존의 틀을 깨는 일은 쉽지 않은 일이지만, 그 저항의 크기만큼 큰 결실을 얻을 수 있을 것이다.

상대방의 협력을 얻어내려면 먼저 당신의 아이디어에 귀를 기울이게 만들어야 한다. 상대방의 웃음을 유발해 당신도 재미있는 사람이라는 것을 보여줄 수 있어야 한다.

미래학자 다니엘 핑크는 『새로운 미래가 온다』에서 새로운 인재의 여섯 가지 조건으로 디자인, 스토리, 조화, 공감, 놀이, 의미를 들고 있다.[8] 앞으로는 놀 줄 아는 사람이 각광 받고 창의성과 감수성이 대접 받는 시대가 온다고 했다. 핑크는 게임과 유머, 기쁨이 새로운 "콘셉트의 시대"에 제자리를 찾아가고 있다고 했다. 이어서 "자판기 앞에서 농담을 주고받거나 동료들과 점심식사하면서 떠들썩하게 웃어본 사람이라면 누구나 이해하듯 유머는 조직 내의 응집력이 될 수 있다."고 했다. 또 그는 《하버드 비즈니스 리뷰》에 실린 파비오 살라의 연구 내용을 인용해 "유머는 경영이라는 바퀴의 윤활유로 사용할 수 있다."[9]고 했다. 여기에 덧붙여 "이 연구에 따르면 가장 성공한 중역들은 중간급 관리자들에 비해 두 배나 더 자주 유머감각을 발휘했다."는 점도 언급했다. 이렇듯 유머와 높은 감성지능 사이에는 연관이 있다.

남들보다 조용한 당신에게 있어 이것은 어떤 의미일까? 당신이 웃을 수 있다는 것을 보여준다면 당신과 팀은 다음의 몇 가지 혜택을 누릴 수 있다. 첫째, 팀원들은 당신이 일밖에 모르는 사람이라는 생각을 버릴 것이다. 둘째, 팀원들은 당신도 그들과 똑같은 사람이라고 생각하게 된다. 셋째, 따라서 팀원들은 당신에게 마음이 열릴 수 있다.

웃을 수 있는 분위기가 조성되면 사람들은 좀 더 마음을 놓고 위험을 감수할 수 있다는 연구 결과도 있다. 웃음은 긴장감과 스트레스를 풀어준다. 면역 체계를 강화시켜주기도 한다. 긴장한 분위기가 감도는 사무실 분위기를 떠올려보라. 그리고 좀 더 편안하고 재미있는 사무실 분위기와 비교해보라. 어느 곳에서 일하고 싶은가?

한때 나는 직원들끼리 서로 말도 섞지 않고 눈도 잘 마주치지 않는 포춘 선정 100대 기업 중 한 곳에서 일한 적이 있다. 이러한 폐쇄적인 분위기는 그 회사 전체에 만연해 있었고 회사 분위기가 그렇다 보니 직원들이 뒤에서 사내 정치와 가십 및 다른 비생산적인 행동들에 몰두하는 것도 당연한 일이었다.

타고난 "장난꾸러기"가 아니더라도 괜찮다. 엉뚱한 유머도 괜찮다. 긍정적인 대화를 통해서 분위기를 가볍게 만들고 새로운 시각으로 상황을 바라보게 해주면 그걸로 충분하다. 건강한 유머를 살릴 수 있는 나만의 아이디어를 찾아보는 것도 방법이다. 바로 이렇게 말이다.

- 한 달에 한 번 아침식사를 함께 하면서 팀원들의 생일을 축하해준다.
- 팀원들과 함께 거품고무 총이나 고무줄 총, 공기총, 고무 가면 같은 놀이 도구를 이용해 재미있는 게임을 해보자. www.kleargear.com과 www.officeplayground.com과 같은 사이트에서 이러한 장난감을 구입할 수 있다.

- 볼링장 같은 곳으로 팀 야유회를 간다. 다니엘 핑크는 우뇌를 활성화하기 위해 어린이 박물관에 갈 것을 추천했다.

- 낙관적인 동기부여 격언들이 싫다면 www.despair.com에 들어가 보자. 이곳에서 판매하는 티셔츠 중에는 "당신의 트위터보다 더 인기 있는 셔츠"라는 문구가 새겨져 있다. "타협하세요. 아무리 상대방의 의견이 틀렸다 하더라도 서로의 의견을 존중하자고요."라는 글이 적힌 포스터도 있다. 또 침몰하는 배 한 척이 그려져 있고 그 밑에는 "어쩌면 다른 사람들에게 경고의 역할을 하는 것이 당신 인생의 목적일지도."라는 문구가 적힌 포스터도 있다.

- 긍정의 도구를 사용하는 것도 좋다. 내 남편 빌은 아침마다 "염세주의자 머그컵"에 커피를 따라 마시는데, 그 머그컵 중간에는 선이 하나 그려져 있고 "벌써 반이나 비었다."는 문구가 적혀 있다. 외향적인 사람들이나 내향적인 사람들이나 모두 이런 글을 보며 미소를 지을 수 있을 것이다.

타인과 관계 맺는 게 서투른 사람들을 위한 어드바이스

"슬픔은 혼자서 간직할 수 있다. 그러나 기쁨이 충분한 가치를 얻으려면 기쁨을 누군가와 나누어 가져야 한다."

– 마크 트웨인

상사도 관리가
필요하다

마케팅 부서의 새 부장인 짐이 사무실에 첫 출근하는 날이었다. 그가 짐을 다 풀기도 전에 팀원들이 줄지어 그의 사무실로 들어갔다. 짐의 직속 부하인 이 여섯 명은 각자 자신의 팀의 예산을 편성해줄 것을 요청했다. 하지만 다이앤은 가만히 앉아 줄지어 상사의 사무실로 들어가는 동료들을 지켜보기만 했다. 동료들을 따라갈 것인지 고민했지만 짐이 새 사무실에 적응할 때까지 기다리기로 하고 일단 지켜보았다.

몇 주가 지나도 짐은 다이앤을 사무실로 부르지 않았고, 불행하게도 다이앤 역시 짐의 사무실을 찾아가지 않았다. 예산안이 결정 났을 때 다이앤이 동료들보다 더 적은 예산을 할당받은 것은 당연한 일이었다. 다이앤의 직속 부하들은 그 결정에 실망했지만, 누구보다 실망한 것은 다이앤이었다. 마침내 다이앤이 짐을 찾아갔지만 때는 너무 늦었다. 예산은 이미 다 할당된 후였다.

가장 좋은 때를 기다리는 것은 중요하다. 하지만 가만히 기다리기만 하는 것은 최악의 선택이다. 물론 상황을 두고 보는 것이 올바른 전략일 때도 있긴 하지만 이 상황에서는 다이앤의 머뭇거리는 태도가 다이앤 본인과 부하 직원들에게 해로운 결과를 가져왔다. 필요한 예산을 받지 못했을 뿐 아니라 다이앤은 나약한 리더로 낙인이 찍히고 말았다. 당신은 다이앤처럼 침묵을 지키다가 중요한 기회를 놓친 적이 있는가? 아니면 무작정 기다리다가 기회를 잃을 위험에 처한 적은 없는가?

가장 중요한 것은 때를 기다리며 준비하는 자세라고 할 수 있다. 즉, 신중함과 용의주도함이 필요하다는 것이다. 그렇다면 다이앤은 그 '때'를 기다리는 동안 무엇을 어떻게 준비했어야 할까?

| 준비 단계 |

- 상사인 짐을 파악한다. 상대방에 관한 정보를 더 많이 알수록 협상에서 더 많은 것을 얻을 수 있다. 그에 관한 자료 조사와 함께 회사 내의 다른 사람들에게 짐의 커뮤니케이션과 리더십 스타일을 알아낸다.
- 앞으로의 목표에 우선순위를 매기고 그에 따라 필요한 예산을

결정하기 위해 직속 부하들과 회의를 한다.

- 예산 증대를 위해 견고한 사업 계획서를 준비한다.
- 짐에게 할 말의 요지와 던질 질문을 목록으로 만든다.
- 짐과 만날 시간을 정한다.

| 실행 단계 |

- 짐에게 미팅의 목적을 이야기하고, 그에게 정보를 전달한다. 또한 부서에서 필요한 것이 무엇인지도 설명한다.
- 짐의 말을 경청하고 질문을 던지며 친밀한 관계를 쌓는다. 짐의 커뮤니케이션 스타일에 맞게, 예를 들어 간단명료한 스타일이면 간단명료하게, 혹은 좀 더 자유로운 스타일이면 자유롭게 보고한다.
- 필요한 예산이 얼마인지 이야기하고 언제 다시 확인을 해야 하는지 물어본다.
- 미소를 지으며 상냥한 태도로 이야기를 나누되, 꼭 시간제한을 지킨다.

| 평가 단계 |

- 약속한 날짜까지 짐에게 후속 보고를 한다.
- 부하 직원들에게 예산 요청의 진전 상황 및 관련 정보들을 지속적으로 알린다.
- 짐에게 꾸준히 적절한 시기에 후속 보고를 한다.

- 짐과 정기적으로 회의를 한다.

- 언어 및 비언어로 존재감을 드러내는 방법에 대해 지속적으로 연구한다.

- 개발에 필요한 사항들에 대한 자료를 상사 및 동료, 부하 직원 들에게 요청한다.

상사와 원만한 관계를 유지하려면

기업은 수많은 권모술수가 난무하고 정략적으로 움직이는 조직이다. 내향적인 당신은 특히 웃는 얼굴 뒤에 가려진 음모나 모략에 무관심할지도 모른다. 하지만 그것을 모르고서는 자신의 몸을 지킬 수 없을 뿐 아니라 조직의 생존을 도모하기 어렵다. 그래도 권모술수는 싫은가? 그렇다면 이를 고결한 권모술수라고 생각해보자. 상사에게 영향력을 발휘해 더 강력한 파트너십을 쌓고, 당신과 부하 직원들의 목표를 성취할 수 있는 술책으로 말이다. 피터 드러커는 이에 관해 다음과 같은 글을 남겼다. "당신은 상사를 좋아하거나 존경할 필요가 없으며 상사를 증오할 필요도 없다. 다만 상사가 당신의 업무 성취와 완수, 개인적 성공의 근원이 되도록 관리해야 한다."[*1]

당신의 목표가 상사의 목표와 얼마나 같은지 보여줄수록 상사는 당신에게 관심을 보일 것이다. 상사와 부하는 공생 관계에 있다. 조직의 목표와 방향을 공유하고 그 목표를 실현하기 위해 함께 가는 상호 보완적인 관계다. 당신과 상사가 목표와 가치를 공유하는 한, 서로는 긴밀한 관계를 유지할 수 있다.

먼저 공감대를 쌓아라

질문에는 커다란 힘이 있다. 전에 근무하던 컨설팅 회사의 한 영업직원은 잠재 고객들에게 이런 도발적인 질문을 던지곤 했다. "무엇 때문에 밤에 잠을 못 이루시죠?" 이러한 질문을 던지면 상대방이 무엇을 걱정하고 무엇을 가장 중요하게 생각하는지를 좀 더 분명하게 이해하고 그 부분에 집중적으로 노력을 기울일 수 있다. 다시 말해 통하는 대화는 듣기와 좋은 질문이 결정한다. 어떤 대안보다는 좋은 질문이 중요하다.

상사의 목표와 자신의 연계 사실을 확인하기 위해서는 상사에게 구체적인 질문을 던지는 것이 커다란 도움이 된다. 상사에게 그의 목표는 무엇인지, 그리고 그것에 자신이 뭔가 보탬이 될 수 있는지 물어본 적이 있는가? 자신이 회사와 상사에게 좀 더 쓸모 있는 사람이 되려면 그런 의논이 필요하다. 앞으로 소개할 질문을 참고해 상사와 이야기를 나누는 것도 좋을 것이다. 다음은 상사와 함께 일하기 전에 그리고 업무의 방향이 불분명할 때 상사에게 던져볼 수 있는 질문들이다.

구체적인 질문을 던져라

상사의 목표, 회사의 목표, 그리고 그 전체상 안에서 당신의 역할을 묻는 질문을 하라. 당신의 업무는 상사가 목표에 도달하도록 돕는 것이고, 그 상사의 업무는 또 그의 상사를 돕는 것이다. 핵심을 찌르는 예리한 질문을 던지려면 먼저 회사의 사업 진행 현황, 경쟁 회사나 업계의 시장 환경에 대해 가능한 한 많이 조사해야 한다. 대화를 나누면서 아래와 같은 질문들을 해볼 수 있다.

- 우리 부서가 이 사업의 비전과 전략에 왜 필요하다고 생각하십니까?
- 제가 참고할 수 있는 자료가 있습니까?
- 우리 회사의 현 상황에 대해 어떻게 생각하십니까?
- 우리 회사는 시장에서 어떤 위치를 차지하고 있습니까?
- 우리 회사의 비용과 수익, 수익성 목표는 무엇입니까?
- 다른 부서의 목표가 우리 부서의 목표와 어떤 연관이 있다고 생각하십니까?(이 질문을 던지는 사람은 드물다. 이 질문을 던진다면 다른 부서와 협력할 잠재성 있는 분야를 발견할 수 있을지도 모른다.)
- 제가 생각하는 현재의 도전 과제들과 잠재적인 도전 과제들은

이렇습니다. 우리가 이 도전 과제들을 어떻게 처리하는 것이 좋다고 생각하십니까?

• 이러한 상황에서는 이런 것이 도움이 될 것 같습니다. 저를 이렇게 도와주실 수 있습니까?

• 진행 여부를 어떻게 확인하실 겁니까? (30일, 60일, 90일, 그리고 지속적으로 측정할 수 있는 측정법을 요구하고, 그러한 측정법이 없다면 대략적인 목표를 제시한다.)

상사의 스타일을 파악하라

밍은 내 고객이었다. 그녀는 새로 취직한 회사에서 상사로부터 비판적인 피드백을 받았다고 했다. 내가 좀 더 캐물어보자 밍은 자신이 다른 직원들에게 퉁명스럽게 대한다는 말을 상사에게서 들었다고 털어놓았다. 나는 밍에게 사무실에서 목소리 톤과 얼굴 표정에 유의하고 직원들과 눈을 마주치면 미소를 지으라고 조언했다. 또 좀 더 배려하고 인내심을 갖고 사람을 대해 보라고 조언했다.

일주일이 지난 후 밍은 상사의 사무실로 찾아가 자신이 태도가 개선되었다는 점을 알아챘느냐고 물어보았다. 그 상사는 무표정한 얼굴로 밍을 쳐다보더니 "무소식이 희소식"이라고 대꾸했다. 상사의 무심한 말에 밍은 상처를 받았지만, 이내 냉정을 되찾았다. 따지고 보면 다 맞는 말이었기 때문이다.

상사와 원만한 관계를 유지하기 위해서는 상사가 어떤 사람인지를 잘 파악해야 한다. 상사의 목표가 무엇인지 안다면 상사를 이해할 수 있다. 상사의 스타일을 알면 상사를 관리하는 데 도움이 된다. 그랬다면 밍은 상사의 칭찬을 기대하지 않았을 것이며 상사가 칭찬하지 않더라도 실망하지 않았을 것이다. 나는 밍에게 사람들의 성향에 따라 커뮤니케이션을 달리하라고 조언했다. 그 사람에 맞춰 장점을 살리고, 단점을 보완해주는 것이 상사 관리의 핵심이라고 말이다. 그녀는 그 조언을 받아들였고 나중에 그 선택이 옳았음을 보여주었다. 내가 마지막으로 밍을 만났을 때 그녀는 누구보다 직장생활을 잘해나가고 있었으며, 상사의 스타일에 맞춰 지속적으로 상사를 관리하고 있었다.

기질과 스타일은 의사소통 방식에 큰 영향을 미친다. 내향적인 당신은 이미 사람들의 스타일을 예리하게 파악하고 있을지도 모른다. 당신이 카메라 앞에 서서 〈상사와 나〉라는 다큐멘터리 영화를 찍는다고 해보자. 상사의 사무실은 어떤 모습인가? 책상에 가족사진과 책, 스포츠 기념품들이 놓여 있는가? 책상은 깔끔하게 정리가 되어 있는가, 아니면 어지럽혀져 있는가? 전화로 이야기를 하는가, 아니면 이메일을 보내는가? 이메일보다 전화 통화를 선호하는가? 외향적이고 사람들을 직접 만나는 것을 좋아하는 사람인가? 최신 스마트폰을 사용하는가? 직원들을 어떻게 대하는가? 이 모든 것들이 상사와의 관계를 성공적으로 쌓아 가기 위한 단서들이다. 이러한 단서들을 잘 활용하여 상사의 관심사가 무엇인지 적극적으로 파악하자. 상사가 세상을 보는 시각은 어떠한가? 이를테면 정보와 세부 사항을 중시하는가? 그렇다면 스타일에 따라 보고를 달리 해야 한다. 기업 트레이너인 마리아 맬러니는 분석적인 성격의 상사를 다루려면 "이번 주는 실적이 좋습니다."라고 말하는 대신 "이번 주에는 판매량이 23퍼센트 상승했습니다."라고 말해야 한다고 조언했다.

상사가 막판에 회의 준비를 하는가, 아니면 며칠 전에 미리 준비를 해두는가? 걸음걸이는 어떤가? 빠른가, 느린가? 나는 에너지가 넘치는 상사를 따라잡기 위해 거의 달리기를 한 적도 있다.

당신의 상사는 전체상을 파악한 후 상세하게 분석하는 편인가, 아니면 말을 하면서 그때그때 떠오르는 아이디어를 내놓는 편인가? 어느 내향적인 고객 중 한 명은 정사각형으로 나눈 도표에 자신의 생각을 정리해 상사를 찾아갔다고 한다. 말로 직접 하는 것보다 문서로 전달하는 편이 생각을 제대로 전달할 수 있을 것 같아서였다. 그 표는 즉시 상사의 관심을 얻었다고 한다. 알고 봤더니 상사 역시 논리적이고 분석적인 내향인이었던 것이다.

도움을 기꺼이 청하라

나는 최근에 조용한 성격의 친구 사샤를 우연히 만났다. 사샤는 암 투병 중이면서 재무관리부의 팀장이라는 막중한 임무도 맡고 있었다. 요즘 어떻게 지내고 있느냐고 묻자 사샤는 이렇게 대답했다.

"그럭저럭 잘 버티고 있어. 최근에 상사와 만나서 얘기를 나눴어. 의사들이 너무 무리하지 말라고 만류하긴 하지만 직접 상사랑 얼굴을 마주 보고 앞으로의 일을 의논해야 할 것 같아서……. 상사는 내 자리를 그대로 두겠다고 약속했고 다 괜찮다고 말하긴 했지만, 직접 상사의 눈을 마주 보고 그 사람 목소리를 듣고 내가 병가로 회사를 자주 비우는 것을 정말 어떻게 생각하는지를 판단하고 싶었거든. 내 계획과 업무 처리 방식을 지속적으로 알렸는데, 내가 생각했던 것보다 이야기가 훨씬 잘 풀렸지 뭐야. 상사와 직접 만나 이야기를 나누길 잘했어."

당신이 무엇 때문에 힘든지 상사가 이해한다면 기꺼이 필요한 조치를 취함으로써 도와줄 것이다. 필요하다면, 사샤가 그랬던 것처럼 상사에게 고민을 털어 놓고 도움을 청할 수 있다. 솔직하게 자신의 의사를 밝혀야만 효과적인 커뮤니케이션이 될 수 있다.

상사들 중에는 그저 자기 일에만 몰두하여 부하 직원까지 미처 챙기지 못하는 사람이 있다. 한마디로 부하 직원을 지도하는 데 서투른 사람이다. 이런 경우에는 기다리는 것보다 찾아가야 한다. 나는 종종 사람들에게 업무의 애로 사항, 진로나 자기계발에 대해 고민이 생기면 상사를 찾아가보라고 격려한다. 상사에게 당신의 고민을 어떻게 생각하는지 물어보라. 상사는 당신의 좋은 상담자가 될 수 있다. 다음에 나오는 사연이 좋은 예가 될 것이다.

글로벌 보안 기업 시만텍에서 제품개발부 관리자로 일했던 밥 굿이어는 내향적인 성격의 소유자였다. 그런 그가 어느 날 일생 일대의 모험을 감행했다.

"솔직히 컴퓨터 공학 전공으로 대학을 졸업할 때 남은 평생을 골방에 처박혀 프로그램만 만들고 싶었어요. 회사 바깥에는 실제로 돈을 내고 내가 개발한 제품들을 구매하는 '고객'이란 사람들이 있긴 했지만 그 사람들과 직접 이야기를 나눠보고 싶은 생각은 전혀 없었어요. 무서웠거든요. 내가 개발한 제품이 엉망이라거나 뭐 이런저런 불평을 늘어놓을지도 모르잖아요. 그러다가 프로그래밍 언어만 다르고 똑같은 프로그램을 만드는 일을 다섯 번째로 작업하던 중 퍼뜩 이런 생각이 들더라고요. '잠깐만, 내가 계속 이 일만 한다면 여기서 벗어날 기회가 없어. 뭔가 다른 일을 해야 해.' 바로 그 순간 리스크를 감수하기로 결심했죠. 책상에서 일어나 부사장의 사무실로 걸어 들어가서 저 같은 사람이 할 수 있는 다른 일은 없느냐고 물었어요."

밥은 일상에 정체하지 않고 변화를 이루기 위해 용기를 내어 부사장을 찾아갔다. 그리고 밥의 용감한 행동은 합당한 보상을 받았다. 밥은 영업교육과 제품관리 분야의 업무도 보게 되었고, 최근에 우연히 밥을 만났을 때는 업무 때문에 호주 출장을 가는 길이라며 싱글벙글했다.

당신은 지금 어떤 단계로 나아가고 있는가? 새로운 분야에 도전하는 것은 당신을 성장하게 만들 뿐만 아니라 인생을 풍요롭게 만들어줄 것이다. 새로운 기술을 배워 회사의 새로운 업무에 도전해볼 수도 있고, 전혀 다른 분야의 일에 도전해볼 수도 있다. 변화를 꿈꾸고 있다면 '안 돼'라는 말 대신 '왜 안 돼?'라고 스스로에게 질문을 던져보라. 그리고 현재 자신이 몸담고 있는 분야나 개인의 역량에 대해 보다 명확하게 파악해보라. '판단은 신중하게 행동은 빠르게' 라는 말처럼, 제대로 준비를 한 다음에 실천에 옮겨야 무엇이든 이룰 수 있다.

- 당신이 맡은 역할에서 혹은 당신이 맡고 싶은 역할에서 당신이 발휘할 수 있는 장점에는 어떤 것들이 있는가?
- 당신이 가진 기술과 배경을 효율적으로 사용할 수 있는 업무에는 무엇이 있는가?
- 당신은 일을 통해 어떤 종류의 기술을 배우거나 새로운 시야를 얻고 싶은가?

상사의 속마음
들여다보기

상사를 관리하는 데는 과학과 기술이 모두 필요하다. 상사가 가장 중요하게 생각하는 우선순위를 안다면 성공적으로 상사를 관리할 수 있다.

상사 관리의 핵심은 무엇보다 상사와 주기적으로 만나는 것이다. 간결하지만 명확하게 상사와 대화를 나누는 시간이 필요하다. 정기적으로 소통하고, 질문을 던지고, 피드백을 제공한다면 상사의 목표와 당신의 목표를 일치시킬 수 있다. 지속적으로 상사와 대화를 나누어 상사의 관심사가 무엇인지를 알아내야 한다. 상사의 우선순위는 급격히 변화할 수 있으므로 그에 맞게 당신의 목표와 업무를 수시로 재조정할 준비를 해야 한다. 이는 당신이 옳은 방향으로 나아가고 있는지를 확인하고, 엉뚱한 길로 가고 있다면 방향을 수정하기 위해 어떤 조치를 취해야 하는지를 알 수 있는 유일한 방법이다.

자연스러운 게 최고로 좋다

상사의 매니지먼트와 리더십 스타일에 적응해야 하긴 하지만, 동시에 당신답게 자연스럽게 행동해야 한다. 상사와 회의를 할 때면 어떤 것이 효과적이고 어떤 것이 효과적이지 않은지 상사에게 피드백을 반드시 얻어내야 한다.

구체적인 피드백을 요구하고 구체적인 질문들을 준비하라. 어쩌면 당신은 재깍재깍 피드백을 주는 상사를 모시는 행운의 인물일지도 모르겠다. 사실 대부분의 상사는 그렇지 않다. 하지만 훈련할 수는 있다. 당신이 먼저 이 피드백 과정을 시작한다면 상사들도 자신의 업무와 태도에 관해 당신에게 허심탄회하게 이야기할지도 모른다.

또 목적만 분명하게 전달해 상사의 시간을 존중하라. 상사가 검토해볼 수 있도록 미리 자료를 보내는 것도 좋다. 상사 또한 내향적인 사람일 때는 특히 그래야 한다. 그런 예의 바른 방식을 사용하면 서로 간에 신뢰를 쌓을 수 있다. 내향적인 리더인 스콧 바이놈은 이렇게 조언했다. "알랑거리지 마라. 솔직하게 마음을 터놓아라. 그래야 신뢰를 쌓을 수 있다."

그럼에도 고위급 임원 앞에서 겁을 집어먹는 사람들도 있을 것이다. 미디어 그룹인 콕스 엔터프라이즈의 엔지니어링 담당 부사장을 역임한 알렉스 베스트는 이렇게 조언했다. "그냥 당신답게 자연스럽게 행동하라. 용기를 내어 고위급 임원들과 교류하라. 그들과 일상적인 대화를 나누고, 가능하다면 점심식사도 함께 해라. 공통의 관심사를 찾아내라. 그들도 당신과 다를 바 없다는 사실을 깨닫는다면 그들을 이해하고 당신의 의견을 표현하기 훨씬 쉬워질 것이다."

왠지 눈길이 가는 직원

새로운 업무를 맡게 되었거나 새로운 상사를 모시게 되었을 때는 초반에 성과를 내라. 낮은 곳에 달린 열매라도 먼저 따야 한다. 성과를 경험한 사람은 자신의 능력에 대해 더 자신감을 갖게 되고, 자기 업무에 자신감을 가지고 있는 사람은 상사의 눈에 띌 수밖에 없다.

단기간에 쉽게 성과를 얻어낼 수 있는 일을 찾아라. 고객의 요청에 신속하게 대처할 수 있는가, 아니면 새로운 공급업체를 찾아 비용을 절감할 수 있는가? 만약 이러한 성과를 이뤄냈다면, 반드시 문서화하도록 하라. 상사는 결과를 원하므로 아주 작은 것이라도 눈에 띄는 결과를 낸다면 상사는 당신을 눈여겨볼 것이다.

왠지 피하고 싶은 직원

상사를 찾아갈 때는 문제점뿐 아니라 해결책도 들고 찾아가라. 상사는 직원들이 불평하지 않고 업무를 해내길 바란다. 회사와 조직에 대해 불평을 늘어놓는 사람은 아무도 좋아하지 않는다.

루이스는 자신이 부당하게 승진에서 제외되었다고 생각하는 기술 전문가다. 루이스는 자신이 희생자라고 생각했으며, 상사가 자신과 팀원들 간의 갈등을 해결해주길 바랐다. 루이스의 말에 따르면 팀원들은 의욕이 없고 비협조적이었다. 루이스는 팀원들 때문에 제품 출시가 늦어지고 있다고 불평을 늘어놓았고 매주 이 상황을 상사에게 보고했다. 상사는 처음에는 루이스를 지지해주었지만 계속되는 불만불평에 지치고 말았다. 루이스는 그 상황을 타개할 견실한 아이디어 하나도 내지 않은 채 마냥 징징거리고 변명이나 늘어놓았다.

상사는 이러한 사안들은 당신이 알아서 처리하길 바란다. 갈등 해결은 상사가 당신을 독립적이고 주도적인 기여자로 보느냐 아니냐를 결정짓는 고난도 기술이다. 분명 루이스는 조직 내의 기여자로 간주되지 않거나 더 이상 그곳에 근무하지 못하게 되었을 것이다. 인식의 차를 좁히기 위해 스스로 아무런 노력도 기울이지 않았기 때문이다. 어쩌면 이러다가 루이스는 영화 〈뛰는 백수 나는 건달〉[2]에 등장하는 대인관계 기술이 형편없는 캐릭터 밀턴 웨덤스처럼 지하 창고로 쫓겨날지도 모를 일이다.

티 안 나게
특별한 상사 관리

상사에게 먼저 말을 거는 것은 쉽지 않은 일이지만, 다음의 세 가지 전략을 구사한다면 상사에게 먼저 다가가는 데 점차 능숙해질 것이다.

피드백의 긍정적 효과

상사들도 때론 피드백이 필요하다. 외부와 단절된 상태에서 혼자 일할 수 있는 사람은 아무도 없다. 약점이 없는 완벽한 사람도 없다. 관리자들은 조직에서 위쪽으로 옮겨갈수록 자신의 행동이 다른 직원들의 실적에 어떤 영향을 미치는지 피드백을 받는 일이 드물다. 그렇다면 누가 고양이 목에 방울을 달 수 있을까?

상사에 대해 피드백을 한다는 것은 언제나 조심스러운 일이다. 하지만 상사의 반응이 두려워 아무 말도 하지 않는다면 당신의 자리를 보전할 수 있을지는 몰라도 상사와 파트너십을 강화하지는 못할 것이다. 상사에게 피드백을 주는 것은 강한 파트너십을 구축하는 데 중요한 요소다.

당신이 상사라면 어떻게 접근하는 것이 가장 좋은가? 어떤 사안에 대해 상사에게 건의하기 전에 먼저 자신과 상사의 입장을 바꿔놓고 생각해보라. 그다음 상사를 찾아가 대화의 물꼬를 터라.

특정한 태도나 상황이 발생한 직후 적당한 장소에서 그에 대한 피드백을 주되 구체적이고 명료하게 전달해야 한다. 그 대안도 반드시 제시하도록 하자. 물론 긍정적인 피드백과 개선해야 할 점에 대한 피드백 모두 주어야 한다.

나는 이때 기억하기 쉬운 '상황 – 행동 – 결과' 방법을 즐겨 사용한다. 먼저 상황을 설명한 다음, 당신이 취한 행동과 그 행동으로 인한 결과를 설명하는 방법이다. 그런 다음 대안과 그 대안을 따랐을 때 발생할 결과를 설명한다. 즉, 문제점을 해결할 방법을 당신이 제안하는 것이다. 피드백의 목표는 상대방을 탓하는 것이 아니라 건설적인 변화를 이끌어내기 위한 대화를 나누는 것이다. 마감이 임박해서 업무를 맡기는 상사에게 이 방법을 이용해 피드백을 주는 사례를 소개하겠다.

상황: 어제 ○○님께서 퇴근시간 전까지 주간 보고서를 마치라고 지시하셨습니다.

행동: 그래서 저는 그 보고서를 제시간에 완성했습니다. 하지만 마감 시간이 촉박해서 다시 검토해볼 여유가 없었습니다.

결과: 따라서 그 보고서에는 우리의 업무 진행을 늦출 수도 있는 실수가 포함되어 있을 가능성이 있습니다.

대안: 앞으로 주간 보고서 작성을 맡기실 때는 하루 일찍 말씀해주시면 좋겠습니다.

대안 결과: 그렇게 한다면 우리 부서가 자랑스러워할 만한 양질의 완벽한 보고서를 작성할 수 있습니다. 어떻게 생각하십니까? (당신이 낸 해결책이나 대안은 상사와 의논을 한 후에 변경될 수도 있다.)

캐나다 출신의 세일즈 트레이너인 켈리 로버트슨은 유용한 조언을 해주었다. "상사와 문제가 있다면, 반드시 그 문제를 해결하고 넘어가야 해요. 너무 많은 직원들이 상사를 욕하고, 불평을 늘어놓고, 징징거리면서도 문제점을 해결하려는 시도는 거의 하지 않습니다."

켈리는 아래의 사례를 제공해주었다.

"전에 다니던 직장에서 저는 전 상사와 전혀 스타일이 다른 상사를 모시게 됐습니다. 그전에 저는 일주일에 사나흘은 재택근무를 했는데, 새 상사는 사무실에서 직접 얼굴을 마주 보고 대화를 나누길 원할 뿐 아니라 제 업무에 세세하게 참견하기 시작했습니다. 결국 전 상사와 마주 보고 앉아서 내 방식대로 업무를 처리하게 둔다면 상사가 목표를 성취하고 더 나은 결과를 얻을 수 있도록 이렇게 저렇게 돕겠다고 설명을 했습니다. 물론 프로젝트 진행 상황은 지속적으로 보고하겠다고 양보를 했죠. 저는 프로젝트 진행 상황을 포함해 매주 업무 보고서를 이메일로 보내기 시작했습니다. 그리고 이 이메일들이 쌓여 월간 보고서가 되었죠. 제가 직장생활을 하면서 깨달은 가장 흥미로운 점 중 하나는 많은 상사들이 직원들이 자신을 어떻게 생각하고 있는지 전혀 모른다는 점입니다."

머물 때와 떠날 때를 아는 자가 아름답다

주의해야 할 점은 당신의 상사도 열린 마음으로 피드백을 받아야 한다는 점이다. 만약 당신의 상사가 피드백을 받는 것을 불편하게 느낀다거나 당신이 속한 조직이 혼란스러운 상황이라면 피드백을 주는 것이 현명한 방법이 아닐 수도 있다. 오히려 당신의 지위를 위태롭게 할 수도 있다. 이러한 경우 조직 내에서 당신이 존경하는 사람들에게 상사를 어떻게 다루어야 하는지 조언을 구하고, 상사에게 피드백을 주지 못하더라도 상사에게서 배울 점이 많다는 사실을 명심하도록 하자.

상사 관리가 효과를 발휘하지 못하는 또 다른 상황은 상사가 비윤리적인 태도를 보일 때다. 나는 회사 서류를 위조해달라는 것부터 여행 경비를 속이는 것까지 상사에게 갖은 부탁을 받는 직원들을 코치해보았다. 이 직원들은 상사에게 이의를 제기한 후에도 상사가 태도를 바꾸지 않자 어쩔 수 없이 이러한 위반 행위를 적절한 부서에 보고하는 수밖에 없었다. 비영리 조직의 임원인 앤 볼은 다른 사람에게 솔직하지 못한 상사를 모셨다. 그 상사는 냉소적이고 유치하며 변덕스러운 데다 비윤리적이었다. 아무리 '상사 관리'가 중요하다 해도 이런 유형의 상사를 극복하는 것은 불가능하다.

상사에 대한 신뢰가 무너져버린 상황에 처했다면, 좌절감에 회사 다닐 맛도 나지 않을 것이다. 그럴 땐 어쩔 수 없다. 이직을 생각해볼 수밖에.

변화를 훤히 꿰뚫고 있어라

내 수업을 듣는 사람 중 서그라는 내향적인 직장인이 있었다.

그는 식스 시그마 '블랙벨트' 전문가로, 블랙벨트란 사내에서 식스 시그마 훈련 과정을 담당하는 컨설턴트를 가리킨다. 그 직책을 맡은 지 얼마 되지 않았는데도 불구하고 그는 상사의 신뢰를 얻는 데 성공했다. 서그는 국제적인 다기능 프로젝트 팀에서 근무하고 있어 중요한 고객 데이터와 신기술 정보를 수집해 소속 부서에 제공할 수 있었던 것이다. 덕분에 그는 조직 변화의 시기에 살아남았고 모든 팀에서 데려가길 원하는 직원이 되었으며, 그의 상사는 서그의 공로를 인정하고 고마워했다.

　조직에 대한 지식을 꾸준히 쌓아 당신의 목표를 회사의 목표와 일치시키도록 해야 한다. 또 상사와 긴밀하게 의사소통을 하면 회사 내의 변화에 발 빠르게 대응하여 업무를 개선할 수 있다. 상사에게 당신이 입수한 아이디어나 정보를 전할 수 있다. 그렇게 한다면 앞으로 상사에게 당신은 소중한 파트너가 될 수 있을 것이다.

누군가에게 인정받고 싶은 사람들을 위한 어드바이스　

"백 권의 책에 쓰인 말보다 한 가지 성실한 마음이 더 크게 사람을 움직일 수 있다."

- 벤자민 프랭클린

회의가
경쟁력이다

마케팅 담당 임원인 칼로스는 콘퍼런스콜에 참가하기 위해 수화기를 들었다. 일단 가벼운 담소를 나누는 동안 칼로스는 이번 주에는 꼭 이야기를 제대로 해야지 하고 다짐했다. 그동안 전국에 흩어져 있는 임원들과 콘퍼런스콜을 하면서는 자신의 아이디어를 내놓기가 어려웠다. 말할 기회를 번번이 놓쳤기 때문이다. 이번에는 반드시 대표가 자신의 이야기에 귀를 기울이게 만들리라 다짐했다.

회의는 순조롭게 출발해 의제를 놓고 열띤 토론이 벌어졌다. 칼로스는 상황 보고를 해달라고 요청을 받았을 때는 잘 해냈지만, 새 마케팅 계획을 두고 엎치락뒤치락하며 대화가 계속되자 어떻게 대답해야 할지 너무 오랫동안 고민하고 말았다. 칼로스가 대답할 준비가 되었을 때쯤엔 벌써 회의는 끝나는 분위기였고, 그는 서부 지역에 대한 마케팅 노하우를 선보일 기회를 놓쳐버리고 말았다. 이보다 더 안타까운 것은 칼로스가 상사와 동료 직원들에게 공로자로 비칠 수 있는 기회도 놓쳤다는 점이다.

칼로스가 콘퍼런스콜에 참가한 목적은 심도 깊은 분석을 통해 문제 해결의 실마리를 선보이는 것이었다. 그가 실패한 이유는 행동을 제대로 하지 못했기 때문에, 즉 앞에 나서서 자신감 있게 자신의 아이디어를 내놓지 못했기 때문이었다.

칼로스처럼 당신도 회의 때 투명인간이 된 듯한 기분을 느껴본 적이 있는가? 당신이 소극적이고 조용한 내향인이라면 회의 때 보통 입을 꾹 다물고 주눅이 들어 있을 것이다. 무슨 얘기를 해야 할지 몰라 전전긍긍하면서 말이다. 특히 주변에 말 잘하는 외향인들이 많을 때는 더욱 그럴 것이다.

회의 시간에 메모만을 해서는 절대로 자신의 가치를 높일 수 없다. 회의 때 어떻게 행동하느냐에 따라 당신의 경력이 발전할 수도 있고 꺾여버릴 수도 있다. 아무런 의견이나 아이디어를 내놓지 않으면 다음과 같은 점에서 명백한 손해다. 첫째, 당신이 기여한 공을 인정받지 못하고 둘째, 다른 이들이 당신의 아이디어를 갈취하고 선수를 치거나 셋째, 팀에 별다른 기여를 하지 못하는 사람으로 비춰지는 손해를 볼 수 있다. 이에 대한 흥미로운 연구 결과가 있다. 호프스트라대학에서 실시한 한 연구[*1]에서는 관리자 다섯 명 중 네 명이 회의 참여도에 대해 서로를 평가했다. 연구에 참가한 87퍼센트의 사람들이 회의 참여도가 높은 사람이 리더십도 좋다고 평가했다. 즉, 회의에서 어떻게 하느냐가 당신의 리더십 역량에 영향을 미치는 것이다.

논점도 결과도 없는 회의에 시간을 낭비하고 싶은 사람이 누가 있겠는가? 회의가 원활하게 진행되어야 조직의 입장에서도 이득이다. 관리자들은 평균적으로 근무시간의 4분의 1 이상을 회의하는 데 사용하며, 조직들은 생산성 없는 회의에 연간 600억 달러 이상을 사용하고 있는 것으로 추정된다. 이 얼마나 아까운 시간과 돈 낭비란 말인가!

효율적인 회의는 효율적인 조직을 만든다. 회의를 어떻게 준비하고 참여하느냐에 따라서 정보를 공유하고, 발생한 문제를 해결하며, 원하는 목적을 달성할 수 있다. 또 이런 회의가 가능하려면 무엇보다도 회의 참가자들의 용기가 필요하다. 다수의 내성적인 사람들은 투명 망토를 뒤집어쓰고 지켜보는 것만으로 만족하는데, 이런 자세는 상대를 무시하거나 회의에 무관심한 태도로 해석될 수 있다.

내향적인 당신이 회의에서 자신의 입지를 탄탄히 하기 위해서는 무엇이 필요할까? 당신의 의견을 관철시키려면 무엇이 필요할까? 회의에서 당신의 장점을 부각시킬 수 있는 방법을 살펴보자.

회의를
게임하듯 즐기려면

내가 만난 대부분의 리더들은, 특히 성공한 내향적인 리더들은 회의에 대비한 자신만의 전략을 가지고 있었다. 이렇게 미리 전략을 짜두면 회의를 '비밀스러운 사내 암투'가 아닌 테니스 같은 게임으로 만들 수 있을 것이다.

처음 테니스를 배우는 사람이라면 먼저 게임의 규칙을 배워야 한다. 먼저 몇 경기를 지켜보고, 점수를 매기는 방법을 포함해 경기의 규칙을 배워야 한다. 그다음에는 레슨을 받으며, 기본 동작을 익혀야 한다. 게임에 숙달하고 나면, 적수를 가늠하고 전략을 개발하는 노하우도 자연스레 생긴다. "저 사람들은 백핸드가 약하니까 저쪽으로 쳐야겠어."라든가 "저쪽이 백코트에서 왔다 갔다 하고 있으면 네트로 돌진해야겠어."라는 식으로 말이다.

회의를 계획하는 것도 이와 다를 것 없다. 먼저 게임의 규칙을 알아야 한다. 회의 게임의 세 가지 규칙은 다음과 같다. 첫째로 회의의 목표를 알고, 둘째로 회의의 의제를 알고, 셋째로 어디에 앉고 언제 일어설지를 계획하는 것이다. 본 게임에 들어가기 전에 이와 같은 만반의 준비를 해야만 실패 확률을 낮추고 성공 확률을 높일 수 있다.

목표가 성공을 부른다

회의의 목표가 무엇인가? 참석한 사람들에게 결정을 통보하는 것인가, 아니면 결정을 납득시키는 것인가? 아니면 결정을 내리는 것인가? 문제 해결인가, 아이디어 창출인가? 감정 분출인가, 성과 인정인가? 회의에 참석해달라고 요청받은 이유는 무엇인가? 습관적으로 당신의 이름을 명단에 넣은 것인가? 상사가 부재 중이라 대신 참석해달라는 요청을 받은 것이라면 결정을 내릴 권한도 위임받은 것인가?

회의에 앞서 그 회의의 목적을 명확히 알고 있어야 한다. 성취하고 싶은 분명한 목표가 없다면 비효율적인 회의가 될 것이 뻔하다. 목표가 없으면 집중도가 떨어지기 쉽고, 이로 인해 에너지와 시간을 낭비할 수 있어서 바람직한 결과를 얻을 수 없다. 회의가 성공적인지 아닌지는 전적으로 '목표'에 달려 있다. 목표가 없으면 결실도 없다는 점을 잊지 말아야 한다.

의제를 준비하라

의제 없이 회의에 참가한다는 것은 수중음파탐지기도 없이 배를 타는 것이나 마찬가지이므로, 의제가 없으면 회의에 기준틀도 없고 회의 진행 상황을 측정할 방법도 없다. 회의를 진행하는 것은 당신의 역할이 아니라고 생각해 계속 제자리에서만 뱅뱅 돌게 될 것이다. 하지만 당신이 자신의 시간과 자원을 소중히 여긴다면 회의의 방향을 설정하고 미리미리 준비해야 한다. 참석하기 전에 미리 이야기할 사항들을 정리하고 그 자리를 통해 이루고자 하는 목표를 확실하게 설정해야 한다. 즉, 회의에서 어떤 주제를 다룰 것인지, 이를 어떻게 이야기할 것이며, 정확하게 어떤 순서로 이야기를 풀어나갈 것인지를 확실하게 계획해야 한다는 것이다.

회의에 만반의 준비를 하고 싶다면 팀 리더에게 미리 의제를 알려달라고 부탁할 수 있다. 혹은 당신이 의제를 준비하겠다고 제안하고 그 의제를 상사나 팀 리더와 상의할 수도 있다. 회의에 앞서 의제가 준비되면 회의 중에 더 자신감을 가지고 발언할 수 있을 것이다. 이는 당신의 역량을 키워나가는 데 분명 큰 도움을 줄 것이다.

회의 시간에 자신의 스타일을 의도적으로 만들어가는 한 내향인은 내게 이렇게 말했다. "제 전임 상사는 외향적인 사람이었는데 우린 꽤 괜찮은 방법을 사용했어요. 중요한 회의가 열리기 전에 상사가 제 사무실을 찾아와 서면으로 된 제안서 한 장을 주는 거예요. 그러고는 나가면서 이렇게 말하죠. '자네, 이걸 한번 살펴봐. 10분 후에 다시 오겠네.' 이 행동은 우리 모두에게 커다란 도움이 되었습니다. 덕분에 저는 그 사안을 심사숙고할 시간을 얻고 상사는 다시 돌아와 편하게 자기 의견을 털어놓고 그에 대한 제 의견도 물어보는 거죠. 그렇게 만반의 준비를 한 후 우리는 회의실로 향했죠."

무엇보다 순서와 위치가 중요하다

사람들이 이 회의에서 무엇을 기대하고 있는지, 회의에서 어떤 결과를 이끌어내고 싶은지, 회의에 어떤 사람들이 참석할 것인지를 안다면 전략을 세우고 회의에서 꺼낼 의견을 계획할 수 있다. 단, 오래 기다릴수록 발언하기가 어려워지므로 빨리 목소리를 내야 한다. 의견을 나눌 기회가 생기면, 용기를 내서 제일 먼저 손을 들고 의견을 발표해보는 것도 좋은 방법이다. 그게 아니라면, 회의가 시작된 후 5분 내에 첫 번째 발언을 해야 한다. 발언을 하든, 질문을 하든, 다른 사람이 한 말을 더 쉽게 풀어 설명하든, 초기에 하는 것이 유리하다. 회의 시작 초기에는 사람들이 집중을 하기 때문에 상대의 이야기도 잘 듣는 편이다. 이때 시간을 혼자 독점하지 않도록 유의해야 한다. 의견 발표나 질문 등의 발언이 너무 길어지게 되면 다른 참석자들에게도 지루한 느낌을 주게 되고 오히려 그 효과가 떨어진다. 사람들은 시간을 오래 끄는 것을 별로 좋아하지 않는다.

회의에서 발언을 할 생각만 해도 긴장감이 몰려온다면, 미리 거울을 보면서 연습을 해보자. 불안감을 없애지 않으면 아무리 좋은 자료나 아이디어를 준비했다 하더라도 소용이 없다.

마지막으로 회의 참석 팁을 한 가지 더 소개하자면, 자신이 앉을 자리를 영리하게 골라야 한다는 것이다. 회의실에서 어떤 곳에 자리를 잡는가도 매우 중요하다.

회의 전문가인 킴벌리 더글러스는 회의실 구석 자리에 숨고 싶은 욕망을 억누르고 리더에게서 두세 자리 정도 떨어진 곳에 앉으라고 조언했다. 눈에 잘 띄는 영향력 있는 사람들이 모여 있는 자리에 앉으면 주목을 받기 쉽고, 회의에 보다 주체적으로 참여할 수 있기 때문이다.

그렇다면 콘퍼런스콜에서는 어떻게 해야 할까? 앉지 말고 일어서서 말해라. 콘퍼런스콜을 할 때는 시각적인 효과를 사용할 수 없기 때문에 효과적인 커뮤니케이션을 하려면 목소리와 단어를 활용하는 것이 더욱 중요하다. 일어서서 이야기하면 상대편이 당신의 모습을 볼 순 없지만 당신의 목소리에서 더 많은 에너지를 느끼게 될 것이다. 자리에서 일어서면 횡경막이 열리고 더 많은 산소를 들이마셔 활기찬 목소리가 나온다는 건 이미 입증된 과학적 사실이다.

생산적인 회의로 만드는 법

기본 원칙을 정하라

다시 한 번 테니스에 비유해보자. 테니스 같은 경기를 할 때 중요한 것은 코트 위에서 어떠한 경기를 펼치느냐다. 경기 당일 바람이 강할 수도 있고 컨디션이 좋지 않을 수 있지만, 마음을 제자리에 잡고 계속해서 공을 쳐야 한다.

회의에서도 마찬가지다. 여러 가지 변수가 생길 수 있지만 궁극적으로 회의는 운영 방식에 따라 흥할 수도 있고 망할 수도 있다. 회의를 좀 더 생산적인 회의로 만들고 싶다면 기본 원칙을 세워보자. 기본 원칙이란 팀이 따르겠다고 동의한 가이드라인이다. 이 기본 원칙을 세워두면 회의에 불필요한 낭비 요소를 제거할 수 있어서 회의 시간도 단축할 수 있고, 생산적인 회의를 만들 수 있다.

기본 원칙을 세울 때는 몇 가지 고려해야 할 부분들이 있다. 첫째, 당신이 속한 기업이나 조직의 문화를 고려해야 한다. 둘째, 그룹과 함께 원칙을 논의하고 동의를 얻어야 한다. 그렇게 정한 원칙은 모두에게 분명히 알리고 적용하도록 하자.

회의를 진행함에 있어서 가장 중요한 것이 시간엄수이다. 회의 참석자는 정시에 모두 참석하도록 하며 종료시간을 미리 정하여 회의에 따른 시간 낭비를 최대한 줄여야 한다.

내가 아는 어느 회사는 회의를 제시간에 시작한다는 방침을 정하고, 회의가 시작되면 문을 잠그기로 했다. 그 이후로 예상치 못한 결과가 나타났다. 지각이 완전히 사라졌을 뿐만 아니라 회의가 제시간에 시작되어 제시간에 끝나고, 회의 또한 생산적으로 변했다.

| 표6 | 회의 운영의 기본 원칙

- **제시간을 지키자** – 회의의 시작 시간, 마무리 시간, 휴식 시간을 지킨다.

- **참여하라** – 입으로, 머리로 참여하라.

- **존중하라** – 다른 사람이 발언할 때 잡담을 나누지 말고, 발언은 한 번에 한 사람씩 한다.

- **노트북이나 휴대전화는 금지** – 회의에 집중하지 못한다.

- **주제에 대하 말하라** – 요점에 집중하라.

- **비밀 유지** – 회의실에서 나눈 이야기는 그 자리에서 끝낸다.

- **침묵하기** – 생각을 정리할 시간이 필요하다.

팀원들의 참여를 높이는 회의의 기술

브레인스토밍brain storming은 다들 잘 알고 있을 것이다. 많은 회사가 조직을 바꾸는 혁신 작업으로 브레인스토밍을 가장 중요하게 여긴다. 브레인스토밍은 자유롭고 열린 분위기에서 새로운 아이디어를 찾는 데 좋은 회의 방식으로 잘 알려져 있다. 짧은 시간 내에 여러 사람들로부터 많은 아이디어를 얻는 데 매우 유용하다.

내향적인 사람들에게는 이 브레인스토밍을 변형한 '브레인라이팅brain writing'이라 불리는 기술이 효과적일 수 있다. 방법은 이렇다. 종이 맨 위쪽에 문제점 하나를 쓰고 해결책을 쓰는 것이다. 그 종이를 테이블에 앉은 사람들에게 돌린다. 첫 번째로 종이를 받은 사람이 종이 위에 자신의 아이디어를 적고, 다음 사람은 첫 번째 사람의 의견을 기반으로 더 발전시키든지 혹은 새로운 아이디어를 적는다. 이렇게 해서 나온 아이디어들은 그때그때 말로 내놓는 아이디어보다 더 탄탄하기 마련이다. 글은 말보다 생각을 체계적으로 할 수 있도록 만들고, 생각에 깊이를 더하기 때문이다. 눈으로 확인하면 문제를 보다 잘 이해할 수 있다. 또 다른 사람들의 아이디어를 보면 두뇌는 자극을 받고 활성화된다. 시각적인 자극이 가장 효과가 크기 때문이다.

그 밖의 유용한 기술로는 우뇌를 자극하는 휴식을 들 수 있다. 무언가를 만드는 행위나 아이디어에는 창조적이고 감성적인 우뇌가 사용된다. 내향적인 사람들은 의견이나 아이디어를 도출하기 전에 정보를 처리할 시간을 필요로 하는 경우가 많다. 쉬는 시간을 이용해 틈틈이 마음과 머리를 비우는 것이 필요하다. 예를 들면 먼 산이나 하늘을 바라보며 눈의 피로를 덜어주거나 가벼운 산책이나 음악 감상을 하는 등 우뇌를 자극하는 휴식이 좋다. 장시간의 회의나 세미나 중간중간 쉬는 시간에는 대개 잡담을 하기 마련인데, 이때 논리적인 정보 처리와 말하기를 담당하는 좌뇌가 사용되기 때문에 진정한 의미의 휴식이 될 수 없다. 우뇌를 자극하는 휴식을 하거나 눈을 감고 명상을 하면서 뇌 상태를 편안하게 만들어줘야 한다. 그래야 두뇌 전체를 활용할 수 있다.

기술은 친구이자 적이다

훌륭한 테니스 코치들은 선수의 기술을 향상시키기 위해 다양한 훈련 방법을 사용한다. 내 테니스 코치는 학생들이 공을 코트 온 사방으로 칠 수 있도록 돕기 위해 도로 공사장 표지판으로 사용하는 주황색 원뿔을 가져왔다. 간단한 장치이지만 그 효과는 뛰어났다. 하지만 경기 당일에는 그런 소품들을 늘어놓을 수가 없다. 도구의 도움 없이 온전히 스스로의 실력으로 승부를 걸어야 한다. 회의 역시 마찬가지다. 요즘은 회의 시간에 휴대폰이나 노트북, PDA 같은 도구들로 회의 내용을 기록하는 것은 일반적인 일이 되었다. 하지만 기록에 너무 열중하게 되면 발표자의 이야기를 놓칠 확률이 높다.

이러한 디지털 기기에 많이 의존하는 문화에 반발하여 일부 조직에서는 회의실에 노트북 반입을 금지하고 있다. 《LA 타임스》에 실린 한 기사[*2]에서는 이를 "벌거벗기"라 일컬었다. 이 기사에 따르면 어느 CEO는 회의 시간에 노트북을 사용하는 것에 대해 이렇게 말했다. "그것은 공동의 문화를 창조하겠다는 철학을 저버리는 짓이다. 발표자의 말을 노트북에 받아 적는다 하더라도 그건 발표자에게 정말로 그 사람의 말에 귀를 기울이고 있다는 자연스럽고 인간적인 신호를 보내는 것이 아니다. 그런 분위기에서는 다른 일에 한눈팔기 마련이다. 노트북을 가져오지 않으면 사람들은 더 나은 커뮤니케이션을 하며 회의의 속도도 더 빨라질 수도 있다."

하지만 분명 장점도 있다. 웹 회의, 웨비나(웹과 세미나의 합성어), 인터넷 채팅과 같은 가상 기술이 발전한 덕에 얼굴을 직접보지 않아도 용건을 쉽게 전할 수 있게 되었다. 서로 대화를 나누고 시각적인 메시지를 전달할 수 있게 되었다. 이러한 기술을 사용하면 즉각적인 피드백을 얻을 수 있으므로 상호 작용에 아주 유용하다. 또 내향적인 사람들은 말보다 글로 표현하는 것을 선호하기 때문에 이러한 기술을 이용하는 게 더 편하게 느껴질 수도 있다.

마케팅 매니저 메리 오어는 인터넷 채팅이 능률적인 커뮤니케이션을 할 수 있는 훌륭한 방법이라고 강조한다. "고위급 임원에게 아이디어를 선보이기 전이나 회의 참가자들끼리 의견이 일치하는지 확인하기 위해 서로 인터넷 채팅을 주고받는 경우가 많아요. 일종의 '최첨단 확인 수단'인 셈이죠."

디지털 도구와 기술이 비즈니스를 수행하는 데 유용한 자산이 될 수도 있다. 하지만 회의를 하는 목적이 무엇인가. 회의에 집중해서 목표를 달성하는 것이다. 이때 도구는 목적을 위해 사용되어야 한다. 도구가 주가 되어서는 안 된다. 갈수록 디지털 기기들이 업무 환경을 뒤덮고 있지만 이때 중요한 것은 당신의 아날로그적 감각이다. 인간적이고 친밀하며 깊이 있는 의사소통을 하는 것이 가장 중요하다는 의미다.

커뮤니케이션이 지나치게 효율성을 추구하다 보면 인간적 소통의 한계를 느끼기 마련이다. '회의는 스포츠'라는 말이 있듯이,

회의가 성공하느냐 실패하느냐는 팀워크에 달려 있다. 팀워크를 좋게 하려면 목표에 대한 정확한 이해와 각자의 역할을 충분히 인식하는 것이 중요하다. 즉, 의사소통이 얼마나 잘 이루어지는지가 가장 중요한 것이다.

수다쟁이들의 입을 다물게 하는 법

내향인의 듣고 관찰하는 성향은 회의 시간에 특히 진가를 발휘할 수 있다. 잘 듣는 사람이 좋은 아이디어를 얻을 수 있기 때문이다. 단순한 참석자이든, 회의의 진행지든, 혹은 발표자이든 당신이 회의에 들어가야 한다면 자신이 회의 시간에 해야 할 역할부터 새롭게 정립해야 한다.

먼저, 자신을 관찰해야 한다. 현재에 집중하고 있는지, 아니면 딴 데 정신을 팔고 있는지 따져보아야 한다. 특정한 인물들이 회의를 주도하고 있다면 들러리처럼 앉아 있지만 말고 용기를 내어 발언을 하라. 회의 시간에 침묵한다는 것은 곧 자신을 나타낼 기회를 잃는 것과 같다. 자료를 충분히 숙지하고 의견이 될 만한 내용을 철저히 준비해두는 것이 좋다. 당신뿐만 아니라 다른 사람들도 발언할 수 있도록 배려하고 질문을 던지며 참여를 유도하

라. 결국 회의의 목적은 모든 사람들에게서 최선의 생각을 듣는 것이 아닌가. 수다쟁이들의 방해에도 불구하고 꿋꿋이 의견을 내놓길 바란다.

| 표7 | 회의에서 수다쟁이들을 처리하기 위한 전략

- 동의의 뜻으로 미소를 짓거나 고개를 끄덕이지 마라. 이는 말이 장황한 수다쟁이들을 더욱 부추기는 꼴이다. 무표정을 유지하자.

- 개인적인 논쟁이나 말다툼이 되지 않도록 한다. 감정을 내세워 말싸움을 하면 결국 본인만 손해다. 상황이 진정될 때까지 그 주제를 보류하든지, 토론을 연기하자고 제안하라.

- 만약 수다쟁이가 끊임없이 말을 늘어놓는다면 그만하라는 신호로 한 손을 들어 올려라. 그리고 이렇게 말해라. "이제 그만 다른 이야기로 넘어갔으면 합니다."

- 수다쟁이가 당신의 말을 가로채면 낮고 단호한 목소리로 "지금 내가 이야기하고 있는 중이지 않습니까. 내가 이야기를 마친 후에 발언하셨으면 좋겠습니다."라고 쏘아붙여 주자. 마치 뉴스쇼 앵커나 토크쇼 진행자처럼 아무런 감정을 싣지 않은 중립적이지만 우아하고 지적인 어조로 말이다.

- 코멘트를 미리 준비하고 자신감 있게 발언하라. 업무지원부 관리자인 트리나 톰슨은 내게 이렇게 말했다. "사람들의 눈을 똑바로 쳐다봐야 해요. 사람들은 당신이 준비되어 있는지 아닌지 귀신같이 알아채죠."

- 기회를 놓친다면 바로 다음 기회를 노려라. 트리나는 "한마디라도 거드는 것이 침묵하는 것보다 낫다"는 사실을 깨달았다고 했다. 한마디라도 거들어야 사람들은 당신이 무엇인가 기여할 수 있다는 사실을 알고 다음번에도 당신에게 실력을 발휘할 기회를 주거나 회의장 바깥에서 당신에게 상담할 가능성이 높아진다.

의지할 만한 것은
남이 아니라 자신의 힘

한번 상상해보자. 참가하는 회의마다 사람들은 당신의 의견을 존중한다. 모두가 당신을 자신의 팀으로 데려가고 싶어한다. 당신은 프로젝트를 진행하기 위해 필요한 안건을 주제로 회의를 진행한다. 당신은 조직 안팎의 사람들로부터 눈에 띄는 존재가 되어 탄탄대로를 달린다. 당신의 회사는 생산적인 회의 덕분에 업무 효율성뿐만 아니라 비용 절감 효과를 거두고 있다. 이 모든 게 꿈만 같은가? 하지만 당신이 회의 게임의 기술을 연습한다면 현실이 될 수 있는 일이다.

당신도 퍼실리테이터Facilitator가 될 수 있다. 기술 전문가들은 대부분 퍼실리테이터라는 개념을 잘 알고 있지만 일반 직장인에게는 다소 생소한 이름일 것이다. 퍼실리테이터란 어떤 일을 중심이 되어 맡아 처리하는 관리자를 뜻한다. 즉, 적극적으로 회의를 주재하는 사람이라고 보면 된다.

조직의 대다수가 회의 운영의 기본조차 모르고 있다면 당신이 다른 방식으로 접근해보는 것은 어떨까? 회의의 의제를 만들고, 기본 원칙을 세우고, 새로운 참여 기술들을 만들어내는 것이다. 회의를 이끌어나가는 데 있어 이러한 작은 변화들이 큰 차이를 만들어낼 수 있다.

내 고객이었던 재닌의 예를 들어보겠다. 재닌은 글로벌 휴대전화 업체에서 근무하며 승진을 거듭해 온 IT부서의 내향적인 관리자다. 그런데 얼마 전 새로 합류하게 된 부서에서 열리는 회의에 참석해서는 깜짝 놀랐다고 한다. 팀원들이 회의 중에 서로 고함을 지르고 말싸움을 벌였다는 것이다. 자신을 잘 통제할 줄 아는 재닌은 맞받아 고함을 치지는 않았지만 이들의 행동을 언제까지 참을 수 있을지 확신이 서지 않았다고 한다. 이러한 회의가 오히려 팀원들의 에너지를 고갈시킨다는 사실에 안타까웠던 재닌은 조치를 취하기로 결심했다.

먼저 재닌은 조직의 리더를 사적으로 만나 다음번 회의에는 기본 원칙을 세워두는 것이 좋겠다고 제안했다. 리더는 동의했고 팀원들로부터 동의도 얻었다. 재닌은 그렇게 세운 기본 원칙 목록에서 '한 번에 한 사람씩 말하기'를 제1원칙으로 삼았다. 그러자 팀원들은 서로의 말에 귀를 기울이기 시작했다. 서서히 회의가 제 궤도에 오르기 시작했다. 재닌의 팀원들은 여러 가지 사안들을 놓고 여전히 의견이 분분하지만, 기본 원칙들 덕에 의견의 불일치를 좀 더 원활하게 해결할 수 있었다.

두 번째로 직급에 상관없이 부서 내의 모든 사람들을 단결시켜줄 대화 훈련 프로그램을 도입하자고 제안했다. 재닌은 시간 매니지먼트와 프로젝트 매니지먼트 훈련 프로그램을 도입하면 팀원들이 회의 기술을 익히는 데 도움이 될 거라 생각했다. 무엇보다도 공격적이지 않은 분위기에서 토론을 할 수 있게 될 거라고 확신했다.

그 덕분에 나는 사납기로 악명 높았던 이 팀의 첫 번째 훈련 프로그램을 지휘하는 영광을 누렸다. 회의를 효과적으로 운영하는 매니지먼트 기술과 대화 기술을 배워나갈수록, 팀원들의 태도와 자세가 하루가 다르게 발전해가는 것을 느낄 수 있었다.

한 명의 꼼꼼한 내향적인 리더가 본연의 틀에서 벗어나 용기를 내지 않았더라면 이러한 변화는 결코 없었을 것이다.

회의가 쓸모없다고 생각하는 사람들을 위한 어드바이스

"회의에서 훌륭한 아이디어가 탄생하지는 않는다. 다만 쓸모없는 아이디어들이 많이 솎아지기는 한다.

- F. 스콧 피츠제럴드

| 표8 | 회의에 몰입하기 위한 기술들

- **회의의 서기 역할 등을 자처한다.** 서기는 단순한 업무 보조가 아니라 리더 다음으로 중요한 역할이다. 책임을 질수록 영향력도 강해진다.

- **질문을 하나 던지고 그 대답들을 체계적으로 정리한다.** 그 주제에 대해 각자 2분씩 돌아가며 의견을 내달라고 하고 그 시간을 엄수한다. 모든 참석자가 적극적으로 참여함으로써 자신의 발언과 역할이 회의에 중요하다는 것을 인식시키도록 한다. 단, 이미 나온 발언을 반복하지 않는다.

- **글로 적는다.** 회의실에서 모여서 하는 회의든 원격회의든, 회의를 하기 전에 사람들에게 2~3분간 자신의 생각을 적어달라고 부탁한다. 이렇게 나온 글들을 참가자들과 공유함으로써 회의 기술 중 하나로 사용할 수 있다. 외향적인 사람들은 성격이 급해 조바심을 낼 수도 있지만 그런다고 죽지는 않는다! 이 기술을 사용하면 정보량이 훨씬 더 풍부해질 것이다. 나는 지난번에 회의를 하면서 생각을 위한 휴식 시간에 잔잔한 음악을 틀어 놓았는데 그 효과는 대단했다.

- **회의 참가자 수를 더 작은 그룹, 예를 들어 네다섯 명 정도로 나누어 문제점을 토론하고 그 의견을 공유하도록 한다.** 소수가 참가하는 회의는 전원이 적극적으로 참여 가능하다는 이점이 있다. 사람들의 에너지도 눈에 띄게 상승하고 내향적인 사람들도 부끄러워하고 낯을 붉히는 게 덜하다. 나는 이 방법을 수백 번도 더 써봤는데 사람들의 참여를 이끌어낼 수 있는 가장 확실한 방법이다.

- **사실 회의 기술을 연마할 기회는 주변에 널려 있다.** 심지어 가족 모임 때도 적용해 볼 수 있다. 로베르토 바가스는 저서 『가족행동주의』에서 회의 도구들을 활용해 가족 관계를 강화할 수 있다는 점을 잘 설명해주었다.[3] 일단 회의 기술을 연습하면 할수록 옛날처럼 투명인간이 되는 일은 없을 것이다.

사람을 남기는
관계의 기술

　하와이의 근사한 리조트에서 매년 진행하는 고객 연수회 때였다. IT기업 신입 마케팅부 담당 부사장인 존은 재빨리 수화물 컨베이어에서 가방을 찾아 택시 타는 곳으로 향했다. 함께 온 일행들 대부분은 골프 가방이 나오길 기다리고 서 있었다. 존은 골프를 쳐 본 적이 별로 없기 때문에 노련한 골퍼인 일행과 함께 경기를 하기는 힘들 거라고 생각했다. 그래서 다른 사람들이 그날 오후에 골프 코스를 도는 동안, 존은 조깅을 하고 낮잠이나 잘 계획이었다.

　존은 계획대로 했고 꽤 느긋한 기분으로 다음 날 아침 신제품 발표회에 참석했다. 그런데 회의실에 들어섰더니 다들 어제 골프

치러 나갔던 일을 이야기하며 농담을 주고받고 있는 게 아닌가. 게다가 골프 코스를 돌면서 신제품에 대한 모종의 계획이라도 세운 듯 존이 모르는 이야기들을 쉴새없이 쏟아냈다. 존은 왠지 소외되는 것 같고 뒤처지는 것 같은 느낌이 들었다. 골프 한 번 치러 가지 않았을 뿐인데 왜 이런 곤욕을 치러야 하나? 무엇이 잘못 되었는지 알 길이 없었다.

불행히도 존은 골프 같은 '비공식적' 활동에 참가하는 것이 회사의 불문율 중 하나라는 사실을 깨닫지 못했다. 둔감한 존이 앞으로 다른 직원들을 따라잡으려면 고생 좀 하게 될 것은 불 보듯 뻔한 사실이었다.

"사전 회의"에서 모든 것이 다 결정된다는 사실을 깨달은 적이 있는가? 사람들은 이러한 사전 회의에서 서로 정보를 공유하고 관계를 강화하며 업무상의 결정을 내린다. 오늘날 비즈니스 세계에서는 비공식적인 교류가 그만큼 중요하고 필요하다. 비공식적인 자리, 예를 들어 식사 시간, 술자리, 커피 브레이크, 비즈니스 접대, 공식 미팅 전후에 이뤄지는 잡담 등에서 친목을 도모하거나 정보를 공유함으로써 업무의 상당 부분이 이루어지고 있다.

하지만 내향적인 당신은 이렇게 사람들과 어울릴 기회가 올 때마다 입을 꾹 다물어버릴지도 모른다. "가만히 있으면 지는 거야."라는 사람들의 말에 진저리가 났을지도 모른다.

인맥 쌓기란 상호 교환을 위해 관계를 쌓는 것이다. 인맥 쌓기는 필요하지만 내향적인 사람들에게 이는 결코 쉬운 일이 아니다. 좋은 인맥 개발과 관계 유지는 여간 부담스러운 일이 아닐 수 없다. 특히 수줍음을 많이 타는 내성적인 사람들에게 상당한 스트레스로 작용한다. 그렇다고 지레 포기하지는 말자.

내향적인 사람도 노력한다면 탄탄한 인맥을 쌓을 수 있다. 내향적인 성격과 인맥 쌓기는 상극이 아니다. 오히려 자신의 성향이 갖고 있는 장점을 살려서 대인관계를 더 잘 유지할 수도 있다. 자신의 장점인 차분함을 무기로 내세우면 깊은 관계를 유지할 수도 있다. 한 사람 한 사람과 깊이 있게 사귀고 소중히 대하면 어느새 그들이 당신의 파워 인맥이 될 것이다.

리더십 연구가인 제이 콩거와 N. 아난다는 〈유능한 네트워커가할 수 있는 일들〉이라는 제목의 훌륭한 기사에서 이렇게 말했다.

"인맥 쌓기에 능한 관리자는 하나같이 인맥 쌓기 기술을 연마하기 위해 열심히 노력했다고 털어놓았다. 인맥 쌓기는 어마어마한 시간과 집중력을 투자해야 하는 일인 것이다. 하지만 그렇다고 인맥 쌓기가 선택받은 소수만이 가질 수 있는 타고난 권리는 아니니 안심하라."[1]

공 들인 만큼
쌓이는 것이 인맥

당신이 어디를 향해 가고 있는지 모른다면 어떤 길을 택하더라도 목적지에 도달할 수 없다. 앞에서 예로 든 존은 자신의 목적이 무엇인지 정확히 알지 못했다.

인맥을 쌓기 위해 준비를 한다는 것은 첫째, 당신의 목적이 무엇인지 정확하게 파악하고 둘째, 당신이 상대방에게 무엇을 제공할지 계획하고 셋째, 상대방에게서 무엇을 얻을지 계획하는 것이다.

인맥 쌓기에서 당신이 목표로 하는 사람은 누구인가? 회의에서 영향력을 발휘하는 사람들이 누구인지 떠올려보라. 떠오르는 사람이 있다면 계획을 세워서 저녁식사 자리에서 그 사람의 옆에 앉고, 칵테일 파티에서 그 사람에게 말을 걸어 보자.

사교적인 만남은 다른 사람들의 개인적인 스타일을 관찰할 기회가 될 수 있다. 이를테면 골프를 치는 사람들은 직장에서보다 골프장처럼 편안한 자리에서 상대방이 어떤 사람인지 더 잘 파악할 수 있다고 한다. 샷을 놓쳤다고 클럽을 집어던지거나 에티켓을 어기는 행동을 하는 바람에 사업 거래를 망쳤다는 이야기도 심심치 않게 들려온다.

내 동료 톰은 회사 리셉션이 열릴 때마다 만취하는 한 고객 이야기를 들려주며 잠재적인 위험요소가 될 수 있는 이 고객을 피하는 법을 배웠다고 했다. 내향적인 성격에 다른 사람의 태도를 유심히 관찰할 줄 아는 톰은 이러한 상황에서 타깃으로 삼지 말아야 할 사람이 누군지를 깨달은 것이다.

앞의 사례에서 살펴본 존이 연수회에서 달성하고 싶은 목표를 미리 적어보았더라면 전혀 다른 경험을 했을지도 모른다. 일행 대다수가 골프를 치기로 했다는 것을 감안해 함께 골프를 치거나 그 후에라도 일행에 합류했을지도 모른다. 그랬더라면 그와 그의 회사가 고객과 관련한 문제점을 해결하는 데 도움이 될 유용한 정보를 입수할 수 있었을 것이다.

내향적인 사람들은 내게 회의실, 혹은 엘리베이터에서 먼저 사람들에게 다가가려면 미리 이야깃거리나 질문을 준비해두는 것이 필수라고 했다. 존도 미리 질문을 준비해두었더라면 목표로 한 사람들과 사교적인 대화를 나눌 수 있었을 것이다.

상대방에게 무엇을 제공해야 하는지 계획하라

사람을 사귄다는 것은 상호 교환의 과정이므로 먼저 당신이 상대방에게 무엇을 제공해야 하는지를 알아야 한다. 업무 관련 정보도 좋고 업무와 관련되지 않은 자료도 괜찮다. 당신이 지닌 정보, 경험, 전문지식, 아이디어를 모두 고려해보자. 그것들은 사람들을 이어주는 귀중한 자원이 될 수 있다.

구글 글라스처럼 사람들에게 알려줄 만한 멋진 최신 기술 도구를 발견했는가? 아이들이 좋아하는 새로 생긴 어린이 박물관에 다녀왔는가? 요가를 배우면서 사람들에게 알려주고픈 운동 효과가 있는가? 최근에 무언가에 푹 빠져서 배워본 적이 있는가? 당신을 사로잡은 책이나 영화는 무엇인가?

당신의 이야기가 당장은 상대방에게 별 쓸모가 없다 하더라도, 나중에라도 그런 정보나 자료가 필요하게 되면 상대방은 틀림없이 당신을 떠올릴 것이다. 그러니 일단 이야기를 꺼내보자. 관심사에 대해 이야기를 하다 보면 활기가 넘치고 열정적인 태도가 드러날 수 있으며 무언가 있어 보이는 사람, 진정성이 있는 사람으로 비칠 수 있다.

단, 주의할 점은 이야기를 하는 틈틈이 상대방 마음의 빗장을 열 수 있는 질문을 던져야 한다는 것이다. 상대의 관심사에 대한 질문, 취미와 관련된 질문, 건강 비결에 관한 질문 등 생활양식과 관심사에 대한 경험을 공유하는 것이 중요하다. 공감대를 형성하려면 관계 형성에 필수적인 관심사 공유하기와 더불어 주의 깊게 듣기가 필수다. 서로 간 공통점이 있다는 사실에 안도감을 느끼면 그 때문에 상대가 좋아지고, 친밀감은 급속도로 높아진다.

상대방에게서 무엇을 얻어낼지 계획하라

상대방에게 제공할 것을 계획한 후에 당신에게 무엇이 필요한지 생각해보라. 현재 어떤 자료와 어떤 정보, 또는 어떤 전문지식이 필요한가? 머릿속으로 필요한 것들이 무엇인지 다양하게 생각해보고, 대화를 진행하면서 그와 관련한 이야기를 꺼낼 수 있도록 준비를 해두자. 존이 골프장에서 고객에게 던질 구체적인 질문을 준비할 수 있었듯이 당신도 목표를 달성하기 위한 질문들을 준비해야 한다.

무엇을 알고 싶은가? 한 내향적인 직장 동료는 내게 직장에서 부딪히는 벽에 대해 이야기를 털어놓았다. 그는 이 벽에 부딪히는 이유가 자신이 갈등을 피하고자 하기 때문이라고 진단하고 자신감 있게 커뮤니케이션을 할 수 있도록 도와주는 수업과 책을 추천해달라고 부탁했다. 나는 그 동료에게 구체적인 도움을 줄 수 있어 기뻤다.

업무 외에 당신이 사람들로부터 원하는 것이 무엇인가? 당신이 맞벌이를 하고 있고 둘 다 빡빡한 업무 스케줄에 쫓긴다고 해보자. 그런데 당신의 고객 또한 같은 처지라는 것을 알았다면 식사 준비 시간을 절약하는 방법 같은 것을 물어볼 수도 있다.

내향적인 임원 게리 만은 이런 조언을 해주었다.

"예를 들어 '저는 초콜릿으로 덮은 체리를 좋아합니다.'처럼 자신에 대한 사소한 이야기라든가 '저는 외국어로 된 지도를 수집합니다.' 같은 관심사뿐 아니라 '당신 직업에서 가장 흥미로운 점은 뭔가요?'처럼 상대방에게 던질 질문들도 준비하세요. 공통점을 발견한다면 그것부터 시작해도 좋고, 차이점을 발견한다면 새로운 분야에 대해 알아가는 것도 좋습니다. '전 스쿠버 다이빙은 한 번도 해본 적 없는데, 어떤 점이 제일 배우기 어려워요?'처럼 말이죠."

과감하게 도전했는데 딱 이거다 싶은 대답을 얻어내지 못했다고 해도 상관없다. 대답이 무엇인가는 중요하지 않다. 대답을 했다는 사실이 중요하다. 대화하는 목적은 서로의 속마음을 공감하고 이해함으로써 더욱 친밀해지기 위한 것임을 잊어서는 안 된다.

상대방과 한층 더 발전된 관계를 만들고 싶다면 먼저 자기 자신의 마음을 열 필요가 있다. 자신의 속마음을 편안하게 털어놓을 수 있어야 한다. 상대방이 편안한 느낌을 받도록 따뜻한 마음으로 품어 주고 힘든 인생의 고락을 헤쳐나가는 동지가 되어주라.

대인관계에서는 솔직하고 진지한 태도가 가장 큰 힘을 발휘할 수 있다. 물론 상대방에게 업무와 관련 없는 문제를 의논해도 괜찮은지를 먼저 탐색해봐야 하지만 내가 그동안 살펴본 결과 대부분의 사람들은 가슴 깊이 동감하는 이러한 인생 문제를 토론할 기회를 기꺼이 환영한다. 그러니 마음껏 시도하라고 권하고 싶다.

온라인 인맥 쌓기 사이트와 이메일을 적극 이용하라

첨단 기술이 좋은 점은 직접 얼굴을 마주하기 전에 미리 친분을 다져 둘 수 있다는 점이다. 운영부 관리자인 T. 대니얼 마틴은 내향적인 사람들에게는 사람을 직접 만나기 전에 SNS를 통해 먼저 친목을 다지는 것이 훌륭한 준비 도구라고 강조한 바 있다.

"제 영업팀에 굉장히 내향적인 직원이 두 명 있습니다. 그런데 둘 다 항상 최고의 영업사원에 들죠. 이 직원들은 고객과 직접 대면하기 전에 온라인 친목 사이트를 이용해 따뜻한 관계를 쌓아 둔답니다. 먼저 초대장이나 보고서 사본을 보낸 후에 이메일을 보내 다시 한 번 확인을 합니다. '초대장은 잘 받으셨습니까?' 또는 '스미스 씨, 보고서는 잘 받으셨는지 확인 차 연락드립니다.'라는 식으로 시작하면 되니까 보내는 사람도 받는 사람도 부담이 없죠. 물론 연락할 만한 가치가 있는 내용을 보내야 하지만 이렇게 하면 직접 만나는 것보다 두려움 혹은 거부감이 줄어듭니다."

디지털 기술의 발달로 인해 이제 오프라인뿐만 아니라 온라인을 통해서도 인맥을 새롭게 쌓거나, 친구, 선후배, 동료 등 지인과의 인맥을 강화할 수 있게 되었다. 폭넓은 인적 네트워크를 형성하고 싶다면 자신만의 SNS를 운영해보라. 자기표현의 도구가 될 뿐 아니라 자신의 영역을 넓힐 수 있는 기회가 될 수 있을 것이다.

내가 이 책을 쓰는 동안에도 페이스북과 링크드인, 그리고 그 외의 여러 친목 도모 사이트들이 큰 도움이 되었다. 이러한 요소들을 인맥 쌓기 전략에 사용해보는 건 좋지만 직접 얼굴을 보고 만나는 것을 온라인상의 접촉으로만 대신해서는 안 된다. SNS나 인터넷 블로그 등을 통해서 다양한 인맥을 만들 수 있으나, 서로 얼굴을 맞대고 소통해야 진짜 인맥으로 발전될 수 있다. 관심 있는 주제의 인터넷 카페가 있다면 거기에 가입해 다양한 커뮤니티에 참석해보는 것도 방법이다.

웹상의 존재감을 유지하라

내향적인 사람들은 사람들과 관계를 쌓기 위한 방법으로 사람들과 직접 만나지 않아도 되는 온라인을 더 선호한다. 내향적인 리더들 상당수가 사람들에게 자신의 이름과 자신의 전문지식을 알리는 방법으로 블로그 운영을 추천한다. 온라인상의 프로필과 인맥 관리도 소홀히 하면 안 된다고 말이다. 기사를 쓰거나 블로그에 글을 쓰는 것은 당신이 속한 분야에서 입지를 세울 수 있는 방법이다. 웹상에서 존재감을 높이고, 당신이 속한 분야든 아니든 다양한 사람들에게 당신의 이름을 알릴 수 있다. IT 관리자인 제이슨 슬레이터는 링크드인을 통해 내게 이런 쪽지를 남겼다. "블로그가 인맥을 쌓고 제 생각과 관심사를 표현할 수 있는 유용한 수단이라는 걸 깨달았어요. 저는 '말'보다는 '글'로 커뮤니케이션을 하는 데 훨씬 더 능숙한 모양입니다."

부정적인 생각을 버려라

우리는 머릿속에서 맴도는 부정적인 생각으로 인해 옆길로 새는 경우가 많다(표9참조). 따라서 사람들과의 관계를 쌓지 못하도록 방해하는 두려움의 원인을 찾고 그것을 극복할 방법을 찾아야 한다. 먼저 부정적인 내면의 목소리들이 무엇을 말하는지 정확히 인식하고 그다음으로 그 말들이 얼마나 타당한지를 살펴봐야 한다. 그렇게 한다면 부정적인 목소리를 긍정적인 목소리로 바꿀 수 있다.

앞의 사례에서 살펴본 존이 부정적인 내면의 목소리를 긍정적인 목소리로 바꾸었다면 어땠을까?

부정적인 목소리를 긍정적인 목소리로 바꾸는 방법은 부정적인 목소리에 사로잡히는 순간 생각을 멈추는 것이다. 스스로에게 "내가 지금 무슨 생각을 하고 있는 거지?"라고 물어본 다음 부정적인 목소리를 긍정적인 목소리로 바꿔서 생각해보자.

생각의 전환을 할 수 있다면 상당 부분 진전된 것이나 다름없다. 요컨대 만남의 목적을 알고, 상대방에게 제공해야 하는 것과 상대방과 나눠야 할 것을 계획하고, SNS 같은 소통의 도구를 이용해 미리 친분을 쌓아 두고, 부정적인 내면의 목소리를 긍정적인 목소리로 바꾸라는 것이다.

단, 사람을 만나기 전에 미리 배터리를 충전해야 한다는 점도 명심하자. 사람과의 만남을 통해 배터리를 충전할 수 있는 외향적인 동료들과 달리, 내향적인 당신의 배터리는 재충전하고 재생하는 데 시간이 오래 걸린다는 것을 감안해 준비하는 것이 좋다.

| 표9 | 부정적인 목소리를 긍정적인 목소리로 바꾸기

부정적인 내면의 목소리	긍정적인 내면의 목소리
❶ 나는 골프에 소질이 없어.	① 레슨을 받으면 돼. 나처럼 골프를 잘 못 치는 사람들도 많아. 혹시 알아? 해보면 의외로 잘할지도.
❷ 나는 사람들이랑 잡담을 나누는 게 불편하고 힘들어.	② 미리 질문을 준비해두면 더 편안하게 이야기를 나눌 수 있어. 함께 골프 칠 일행들에 대해 미리 조사를 해두면 되잖아.(예를 들어 아이는 있는가? 그렇다면 아이들은 몇 살인가? 애완동물을 키우나? 어디에 사는가? 골프를 친 지 얼마나 되었는가?)
❸ 나만 골프 게임에서 빠지는데 죄책감이 느껴지긴 하지만 그래도 난 골프가 싫어. 내가 왜 굳이 다른 사람들을 따라서 골프를 쳐야 하지?	③ 굳이 골프를 칠 필요 없어. 조깅이나 하고 난 다음에 일행과 합류해서 함께 술을 마시며 정보를 수집하면 돼. 그곳에서 이야기를 나눠볼 수 있어.

바로 써먹을 수 있는 잡담 단련법

전혀 연고가 없는 사람과도 얼마든지 새로운 인맥을 쌓을 마음의 준비가 되었는가? 시만텍의 제품개발 관리자인 밥 굿이어의 말처럼 견딜 준비가 되었는가? 밥은 "사람들과 대화를 나눈 것은 우리 업무의 일부다."라고 했다. 대인관계 전문가인 샤론 시어링은 말했다. "내향적인 사람에게 사람들이 북적거리는 곳에서 인맥을 쌓는 것은 뾰족한 바늘로 눈을 찌르는 것처럼 괴로운 일이지만, 일대일의 상황에서는 내향적인 사람들 대다수가 훌륭히 그 일을 해낸다."

아무리 소극적이고 내성적인 성격의 소유자도 개인의 의식적인 노력과 함께 적절한 훈련이 더해지면 개선이 가능하다. 단, 전제조건이 필요하다. 당신의 마음이 낙관적으로 열려 있어야 한다. 전설적인 동기부여 전문가인 데일 카네기도 이런 말을 남긴바 있다. "의사소통과 대인관계 기술은 훈련을 통해 연마할 수 있다. 관리 기술도 기술적인 시스템의 도움으로 향상시킬 수 있다. 하지만 긍정적인 태도는 외부가 아니라 내부에서 솟아나는 것이다."

결국 인맥을 형성하려면, 당신이 먼저 열린 마음으로 다가가야한다. 가장 쉬운 방법은 상대방이 좋아하는 것을 들어주는 것이다. 당신이 귀를 기울일수록 그 사람과 그만큼 가까워진다는 것을 잊지 말라.

경청하는 능력은 큰 자산이다

데일 카네기는 "다른 사람들이 당신에게 관심을 갖게 만들려고 2년을 노력하는 것보다 당신이 다른 사람들에게 관심을 가지려고 두 달 동안 노력하는 편이 더 많은 친구를 사귈 수 있다."라고 말했다. 내향적인 사람들은 너비보다는 깊이에 관심을 가지고 상대방의 말을 경청하기 때문에 이 장점을 이용해 상대방의 진정한 관심사를 밝혀내는 속 깊은 대화를 나눌 수 있다. 질문을 미리 준비해두는 것도 상대방의 말을 경청하는 데 도움이 된다.

내향적인 내 남편 빌의 직업은 교수다. 나는 가끔씩 동네에서 남편이 가르치던 학생들과 마주치는데 이 학생들은 언제나 먼저 남편의 기발한 유머감각을 칭찬하고, 남편이 학생들에게 얼마나 진심으로 관심을 갖고 대했는지를 늘어놓는다. 한 학생은 취업 진로를 고민하고 있을 때 빌이 도움을 주었다고 했다. 또 다른 학생은 개인적인 문제로 고민하고 있는데 빌이 집중적인 관심을 쏟아 도와주었다고 했다. 빌은 겉보기에는 도통 속내를 알 수가 없고 차가워 보이기까지 하지만, 속내는 상냥하고 친절하다.

빌은 가끔씩 오해를 받기도 하지만 사람들은 자신의 말을 경청하고 이해해주는 그의 능력을 알아본다. 이것이야말로 졸업생들에게 잊을 수 없는 인상을 남겨준, 빌이 가진 커다란 자산임이 분명하다.

사소한 이야기는 대화를 끌어내는 마중물이다

대화는 날씨 이야기 같은 사소한 것에서부터 시작해 서로의 관심사에 대한 이야기로 이끌어나갈 수 있다. 예를 들어 나는 한 남자와 동네 근처를 휩쓴 토네이도에 대해 이야기를 나눴다. 그러자 그 남자는 자신이 겪은 경험담을 들려주었고, 우리는 둘 다 시내를 덮친 토네이도의 피해에 애통해했다. 그 뒤 나는 토네이도가 내 고객사 중 한 곳인 터너 방송사에 미친 영향에 대해 이야기했다. 그러자 이번에는 상대방이 터너사와 겪은 경험담을 털어놓았고 우리에게 공통의 인맥이 있다는 사실을 발견했다. 이 시점이 되자 우리는 서로에게 친밀감을 느끼며 중요한 이야기를 나눌 수 있었다.

일단 처음의 서먹서먹한 분위기를 깨는 게 중요하다. 인사 담당자인 톰 보먼드는 이렇게 말했다. "저는 대화의 물꼬를 트기 위해 언제나 상대방과의 공통점을 찾아냅니다. 상대방이 자신에 대해 더 많은 이야기를 하도록 만들기 위한 것이면 돼요. 그게 바로 인맥 쌓기에서 추구하고 있는 것이니까요. 날씨나 스포츠, 영화, 고향 이야기도 좋습니다. 어떤 상황에서는 누구나 다 내향적이기 때문에 내가 먼저 서먹한 분위기를 깨는 역할을 맡으려 해요."

대출 담당자인 로라 셔먼은 내향적인 사람들을 영업자로 훈련하기 위해 다음과 같은 흥미로운 접근법을 사용한다고 했다.

저는 퍼미션 마케팅(낯선 사람을 친구로, 친구를 고객으로 만들기 위해 적용하는 마케팅 기법) 사업에 투입할 직원들을 모집하고 훈련해요. 내향적인 사람에겐 꽤 힘든 일이라, 손쉬운 연습 방법을 하나 고안해냈어요. 직원들에게 아무런 이야기라도 좋으니까 대화의 물꼬를 트는 방법을 연습시켰어요. 이를테면 "셔츠 멋있는데 어디서 샀어요?"라는 질문을 던지는 것도 좋죠. 그런 다음 상대방의 대답에 진심을 관심을 두고 경청하고 그 대답을 기반으로 또 다른 질문을 던지라고 했어요. 예를 들어 "로스에서 샀어요."라는 대답이 나오면 "아, 그래요? 나도 거기 가보고 싶었는데. 지난주에 세일하던데 그때 샀어요?"라고 또 다른 질문을 던질 수 있지요. 내향적인 사람들은 남들보다 더 많은 노력이 필요하고 더 많은 시간이 걸리지만, 이 연습을 한 후에는 확 달라져요. 상대방의 이야기를 경청하고 집중할수록 대화가 그리 두려운 일이 아니라는 사실을 깨닫는 거예요!

사소한 일상에 대해 이야기하기를 두려워하지 마라. 사소한 잡담이 상대의 마음을 여는 열쇠가 될 수도 있다.

상대방의 이름을 외우고 당신의 이름을 가르쳐주라

어느 조사에 따르면 97퍼센트의 사람들이 이름을 잘 외우지 못한다고 나타났다. 안타깝게도 의외로 많은 사람들이 이름을 불러주는 것의 중요성을 모르고 있다. 이름을 불러주는 것만큼 호감을 얻는 데 효과적인 방법은 없다. 상대방의 이름을 부르면 놀라운 변화가 생겨난다.

성공한 세일즈맨들은 대부분 이름을 외우는 솜씨가 뛰어나다. 손님의 이름을 기억했다가 이름을 공손히 불러주는 것은 세일즈에 있어 매우 중요한 방법이다. 이것은 개인적으로 친밀감을 느낀다는 의미뿐만 아니라 상대방을 소중히 여기고 기억한다는 것을 보여주는 증거가 된다. 세일즈맨들의 이름을 외우는 몇 가지 요령을 살펴보자.

• 그 이름을 반복해서 사용하라. 소리 내어 부르지는 않더라도, 머릿속에서 반복해 불러라. 당신의 두뇌에게 그 이름은 중요하니 저장해야 한다고 명령하라.

• 처음 보는 사람과 이야기를 나누는데 그 사람과 같은 이름을 가진 다른 지인이 있다면, 상대방의 얼굴에서 그 사람과 닮은 점을 찾아내라. 자기계발 전문가인 지그 지글러는 이렇게 같은 이름을 가진 사람을 연관 짓는 방법으로 한 번에 100명 이상의 이름을 외울 수 있었다고 한다.

• 이름을 비슷한 유형의 물체와 연관 지어라. 《뉴욕타임스》의 건강 칼럼니스트인 제인 E. 브로디는 이렇게 말했다. "나는 새로 알게 된 사람의 이름을 물체와 연관 짓는 편이다. 커비는 큐컴버, 랄프는 라비올리, 셰리는 '셰리주'라는 식으로 말이다.[*2] 최근에는 라구(스파게티 소스 브랜드 - 옮긴이)라는 사람이 내 세미나에 참석했다. 나는 일주일 내내 그의 이름을 잊지 않았다. 왜인 줄 아는가?

스파게티 소스와 연관 지어 외웠더니 아주 쉬웠다!"

관계를 맺는 것은 이름을 기억하는 것에서부터 시작해야 한다. 그러니 새로운 사람을 만나면 이름을 기억하고 불러주라. 내가 먼저 그의 이름을 불러주는 일은 별것 아니지만 빠른 시간에 유대감을 강화할 수 있다.

이름을 불러주는 것도 중요하지만 상대방에게 내 이름을 각인시키는 것 또한 중요한 작업이다. 이름을 가르쳐주는 것은 상대방에게 당신의 이름을 외울 기회를 제공하는 것이다.

앤 베이버와 린 웨이몬은 『일터에서 성공하기』[3]란 저서에서 셰리 헌터가 자신의 이름을 소개한 이야기를 인용했다. "셰리 헌터예요. 셰리주 할 때 셰리요. 제가 컴퓨터 문제점을 추적해서 고치는 일을 하니까 헌터(Hunter, 사냥꾼이라는 뜻-옮긴이)는 외우실 수 있을 거예요."

또 다른 유용한 연상 기법으로 이름의 리듬이나 소리를 기억하는 방법도 있다. 나는 내 이름을 소개할 때 발음과 스펠링에 중점을 두는데, 그것이 가장 외우기 힘들기 때문이다. 나는 "K로 시작하는 칸와일러예요."라고 말한 다음 "칸이라고 발음하는 KAHN에 와이라고 발음하는 WEI예요. 나는 항상 왜냐고 물으니까요." 그런 다음 "L-E-R"하며 나머지 철자를 알려준다.

어느 날 한 친구가 나더러 이름을 소개할 때 "로트와일러

(Rottweiler, 독일산 맹견)"와 운이 같다고 이야기하는 것이 어떠냐고 했다. 당연히 나는 그 제안을 거절했다. 가급적 부정적인 연상은 피하는 것이 좋다! 부정적인 의미가 담긴 호칭을 자꾸 듣게 되면 사람들의 의식에 부정적인 이미지가 전달될 수도 있기 때문이다.

그러면 당신은 무슨 일을 하십니까?

"무슨 일을 하십니까?"라는 질문을 던지면 그 질문은 도돌이표처럼 당신에게도 되돌아오기 마련이다. 특히 처음 만나는 사람들과 함께할 때는 말이다. 웃음이란 전혀 없는 딱딱하고 무미건조한 스피치는 집어치워라. 대신 진심을 보여라. 사람들은 자신이 공감할 수 있는 보통의 이야기를 듣고 싶어 한다.

다음의 세 가지 공식을 이용해본다면 약간의 '센스'로 상대에게 깊은 인상을 심어줄 수 있다.

첫째, "저는 이런 사람입니다."라고 당신의 신분이나 직업을 알린다. 둘째, "저는 이런 업무를 담당하고 있습니다."라고 당신이 하는 일을 소개한다. 그리고 마지막으로 "예를 들자면 이런 일입니다."라고 구체적인 사례를 든다. 마지막이 가장 중요하다. 구체적인 사례를 더하면 생동감과 활기가 더해져 듣는 사람으로 하여금 이야기의 처음부터 끝까지 몰입하게 만드는 힘이 있다. 구체적인 예가 없다면 명확하지도 인상적이지도 못하다는 것을 명심하라. 당신이 하는 이야기를 상대방이 본능적으로 이해할 수 있도록 해야 한다. 다음의 대화를 한번 참고해보기 바란다.

토냐: "그러면 존, 당신은 무슨 일을 하나요?"

존: "저는 마케팅 부사장입니다. 토냐, 제 업무는 당신 회사의 니즈를 이해하고, 당신의 회사에서 지속적으로 변경하는 요구 사항들을 우리 지원팀들에게 알리는 거죠. 예를 들어 포틀랜드에 위치한 당신 회사의 공장에서 생산량을 늘렸고, 저는 그 공장 매니저에게 시기적절한 트레이닝을 제공해주었습니다. 그 결과 공장에서는 순조롭게 목표 생산량을 초과 달성했죠. 혹시 저희 소프트웨어를 사용해보신 적이 있나요?"

존의 대답은 몇 가지 측면에서 새겨볼 필요가 있다. 우선 그는 대답을 하면서 상대방의 이름을 불렀다. 이는 특히 처음 만난 사이에 효과적이다. 또 존은 답변을 이용해 자신의 목적과 관련한 질문을 던지기까지 했다. 마지막으로 구체적인 사례를 들면서 상대방과의 공통점을 찾아내고, 그것을 주제로 대화를 이어나갔다. 이것이 깊은 인상을 남기는 대화의 비결이다.

인맥 관리의
6단계

인맥 쌓기란 당신이 사람들을 아느냐보다 사람들이 당신을 아느냐에 달린 것이므로 당신이 사람들의 눈에 띄는 존재가 되면 인맥 쌓기가 훨씬 수월해질 것이다.

만약 당신의 업무가 잠재적인 새 고객들을 끌어모으고 기존의 고객들과의 관계를 강화하는 것이라면 다음의 여섯 가지 팁이 유용할 것이다. 사람들과 관계를 쌓는 데 도움이 될 만한 실용적인 방법이다.

첫째, 내향적인 리더들이 내게 끊임없이 하는 말인데 여기서 다시 한번 강조하고 싶다. 연기를 해보는 것이다. 자신이 바라는 모습을 진짜라고 믿고 연기를 시작하면 뇌는 정말로 그렇다고 믿는다. 뇌의 신호 덕분에 자신감도 생긴다. 그러니 "실제로 그런 것처럼" 연기를 하라.

둘째, 가게에서 줄을 서 있을 때나 공공장소에서 마주친 사람들에게 먼저 말을 걸어보라. 이러한 대화가 어디로 이어질지 알 수 없는 노릇이다. 우연히 좋은 인연을 만날 수 있고 중요한 커뮤니케이션으로 이어질 수도 있다.

셋째, 사소한 관심을 가지는 것만으로도 좋은 관계가 유지될 수 있다. 세밀한 부분까지 신경을 써주면 사람들은 당신에게 감

사의 미소를 지어보일 것이다

넷째, 저녁식사나 오찬을 할 때 커뮤니케이션 전문가인 샘 혼이 "테이블 대화"[4]라 부르는 것을 사용해보자. 사람들에게 지금 참여하고 있는 일에 대한 생각, 혹은 요즘 관심사 등에 대한 이야기를 할 시간을 2분씩 주는 것이다. 새로운 인맥을 쌓는 동시에 모임의 주도적인 리더로 거듭날 수 있다.

다섯째, 편안한 마당발들과 가깝게 지내라. 의료영업 분야에서 근무하는 한 내향인은 내게 마당발 곁에 꼭 붙어 이들의 인맥을 통해 또 다른 좋은 인맥을 만든다고 털어놓았다. 마당발을 통해 인맥을 확장시킬 수 있을 뿐만 아니라 정보를 획득할 수도 있다고 말이다.

여섯째, 조직이나 모임의 운영하는 일에 자원하라. 그저 자리만 채우는 '정회원'이 되는 것에만 만족하지 마라. 적극적으로 참여하고 이를 주도함으로써 당신의 장점과 재주를 보여줄 기회를 만들어라.

마음의 여유가 없는 사람들을 위한 어드바이스

"조용히 자신을 들여다볼 시간을 갖고 있지 않으면 목표에서 빗나간다."
- 아인슈타인

3부

혼자가 편한 당신이
조직에서 인정받는 순간

I am Introverted!
So What?

사람을 움직이는
부드러운 힘의 논리

라지는 수화기를 뚫어져라 쳐다보았다. 이제는 수화기를 집어 들어야 한다는 것은 알고 있었지만 쉽사리 손이 나가지 않았다. 그가 근무하는 컨설팅 회사에서 각 금융 컨설턴트에게 판매 할당량을 부과했기 때문에 어떻게든 전화를 걸어야 했다. 라지는 고객인 미셸에게 전화를 해 대화를 나누고 현재 그녀의 사업에 필요한 것이 무엇인지 알아내기로 결심했다.

그는 전화번호를 누르면서 준비해 둔 질문들과 그가 원하는 결과, 즉 만날 약속 얻어내기라는 목적을 다시 한번 상기했다. 라지는 잠깐 동안 눈을 감고 차분하고 집중적인 대화를 나누어 목적을 성취하는 자신의 모습을 그려보았다. 신호음이 가기 시작하자라지는 세일즈 트레이닝에서 배운 목소리의 효과를 높이는 방법대로 심호흡을 하고 자리에서 일어났다.

미셸이 전화를 받았다. 10분 동안 대화를 주고받으면서 라지는 미셸이 얘기한 고민거리들을 요약해 정리했고 둘은 다음 주에 만나기로 시간 약속을 잡았다. 통화가 끝난 후 라지는 큰일을 해냈다는 기쁨에 저도 모르게 휘파람이 나왔다.

성미에 맞지 않는 업무라 뒤로 미루며 질질 끌 수도 있었지만 라지는 용기를 냈다. 라지의 경우처럼 당신도 아주 사소한 준비를 해 둔 덕에 자신감이 한껏 솟아오르고 불안감이 줄어든 경험이 있는가? 목적을 잊지 않는다면 훨씬 더 생산적인 대화를 나눌 수 있다.

라지는 전화를 걸기 전 아주 간단한 명상을 한 것만으로 스트레스를 조절할 수 있었다. 또 그는 다음에 무슨 말을 할지 걱정하면서 한 눈을 파는 일 없이 상대방의 말을 경청한 덕분에 유익한 대화를 나누며 그가 원하는 결과를 얻어낼 수 있었다.

비결은 바로 준비였다. 준비를 해두면 새로운 변화를 만들 수 있다. 성과를 내기 위해 언제나 완벽한 만반의 준비를 해둘 필요는 없지만 약간의 준비는 확실히 도움이 된다. 내가 그동안 만난 내향적 리더들도 하나같이 철저한 준비와 굉장한 노력으로 성공한 사람들이었다.

당신의 가치는
당신의 용기에 의해 결정된다

로리 니컬스는 조직의 리더 역할을 맡고 첫 90일 동안 새로운 직속 부하들을 한 명씩 따로 만났다. 로리는 부하 직원들의 니즈와 도전 과제가 무엇인지 진심으로 알고 싶었다. 내향적인 로리에게는 힘든 일이었지만 그녀는 해냈다. 후에 로리는 이렇게 말했다

"사람들을 일대일로 만나는 일은 에너지가 필요한 일이라 내향적인 사람들에겐 더 많은 노력이 필요할지도 몰라요. 그러니까 자신에게 편안한 방식으로 대인관계를 쌓으려면 시간과 에너지를 투자해야 하는데, 그 부분에서 더 노력이 필요하다는 거죠. 대인관계를 쌓아야 한다고 의무감을 느끼는 것보다 당신이 이렇게 해내면 외향적인 사람이라면 얻지 못할 정도로 큰 신뢰를 얻을 수 있다는 점을 염두에 두는 편이 더 수월할 거예요."

로리는 기존의 틀에서 벗어나는 용기를 냈고, 그 보상으로 직원들의 존경과 신뢰를 얻었다. 리더로서 그 이상 무엇을 더 바랄 수 있겠는가.

좀 더 눈에 띄는 사람이 된다는 것은 용기를 내어 음지에서 걸어 나옴으로써 얻을 수 있는 성과이다. 코미디언이자 배우였던 그루초 막스는 사람들 눈에 띄기만 해도 성공의 90퍼센트는 이

루어진 것이라고 했다. 용기를 내어 좀 더 적극적으로 참여한다면 더 많은 권한과 영향력을 얻게 될 것이다. 특별한 재주가 있다고 여겨져 경력에도 도움이 될 것이다. 세일즈맨들은 이를 "제일 먼저 떠오르는 사람이 되는 것"이라고 한다. 믿을 만하고 의지할 수 있는 사람이라는 뜻이다.

존재감이 커질수록 직장 내 동료들과도 좋은 관계를 유지해 갈 수 있다. 사람들은 당신을 훌륭한 경청자로 여겨 소중한 정보를 나누려 할 것이다.

경청 기술이 훌륭한 어느 회사의 COO는 그동안 쌓아 놓은 신뢰 관계 덕분에 온 회사를 뒤흔든 개혁 프로젝트를 훌륭하게 수행할 수 있었다. COO가 쌓아 놓은 존경심 때문에 직원들은 누구나 그녀의 팀에서 일하고 싶어 했기 때문이다.

아무것도 변하지 않을지라도 내가 변하면 모든 것이 변한다

언젠가 내성적인 사람 몇 명에게서 사회적 진취성이 부족해 어린 시절 겪었던 고통스러운 경험담을 들은 적이 있다.

한 명은 말을 한마디도 하지 않는 바람에 교사들이 "느린" 아이라고 생각해 한 학년을 유급할 뻔했다고 했다. 또 다른 내성적인 사람은 내게 "조용한 십 대로 살아남을 수 있다면, 어디서든지 살아남을 수 있어요."라고 말했다. 또 다른 내향인은 두려움을 정복하기 위한 방편으로 여자아이들에게 데이트를 신청하는 방법을 배웠다고 했다. 내향적인 사람들은 외향적인 사회에 적응하기 위해 나름대로 고군분투해온 것이다. 성인이 돼 직장생활을 하면서도 마찬가지였다.

내가 이야기를 나눠본 사람들은 하나같이 연습이 중요하다고 입을 모았다. 연습은 습관을 들이는 것이며, 일단 한 가지 기술을 완전히 익힌다면 다른 분야의 연습에 돌입한다고 했다. 배우고 성장하는 것은 끝없는 과정이라면서 말이다.

마틴 슈미들러는 질문을 받았을 때 머뭇거린다고 해서 두뇌 회전이 느린 사람이라는 편견에 시달렸고, 이러한 편견을 없애기 위해 부단히도 싸웠다고 한다. 마틴은 모든 것은 결국 자신이 생각하기 나름이라고 했다. 그는 자신이 느려터지거나 우유부단한 사람이 아니라 사려 깊고 생각이 깊은 사람이라고 말했다. 자신의 생각과 의견을 말해야 할 때면 일단 "아주 좋은 아이디어네요. 그 아이디어들을 생각해보려면 시간이 좀 필요하니까 내일 아침이나 오늘 오후까지 알려드릴게요."라고 답하고 한 번 더 생각해본다고 한다.

닐 카메론은 인맥 쌓기를 시도하기 전에 목표를 삼은 인물이나 조직의 배경을 신중하게 준비하고 조사한다고 했다. 다행히 운까지 따라주면 평소에 관심을 가지고 있었던 사람을 만나 이야기를 나누고 유익한 정보 교환을 할 수 있다고 한다. 닐은 이러한 결과에 뿌듯해했고 용기를 내지 않았더라면 성과를 결코 얻어내지 못했을 거라고 말한다.

폴 오트는 연습을 아주 흥미로운 방식으로 하는 케이스라고 할 수 있다.

"나는 사람들 앞에서 말을 할 때는 멋진 정장을 입고, 이 정장이 갑옷, 혹은 로널드 레이건이 입었던 양복처럼 사람들이 달걀과 토마토를 던지더라도 끄떡없는 테플론 양복이라고 상상합니다. 이것도 또 다른 대처 방법이라고 할 수 있죠."라고 말했다. 정말 기발하지 않은가? 당신은 이런 나만의 노하우가 있는가? 만일 없다면 이 책에 나온 여러 가지 방법들을 활용해 당신만의 성공 스토리를 만들 수 있길 바란다.

▌천천히 걸어가되 ▌뒤로는 가지 않는다

디자이너를 발굴하고 키워내는 TV쇼 〈프로젝트 런웨이〉에 보면 인상적인 멘토가 나온다. 바로 패션 전문가 팀 건이다. 파슨스 디자인 스쿨 교수이기도 한 그는 매주 시합을 치르며 경쟁하는 디자이너들에게 간단하게 "해내세요."라며 응원의 말을 건넨다. 툭 내던지는 무심한 말이지만 그의 말을 듣고 있노라면 그의 진심 어린 마음이 전해지는 것 같다. 그의 분명한 말 한마디는 참가자들을 적절히 밀어붙여 주었고 도저히 불가능해 보이던 일을 가능하게 했다.

팀 건이 그렇게 말하는 데는 그만한 이유가 있었다. 그 역시 강한 메시지로 자신을 단련시켰기 때문이다. 자신이 할 수 있다는 믿음을 갖고 시작하면 해낼 수 있다는 것을 몸소 터득했기 때문이다.

어느 인터뷰에서 팀 건은 멘토링 기술[1]에 대해 이렇게 이야기했다. 그가 처음으로 파슨스 디자인 스쿨에서 학생들을 가르치기 시작할 때 너무 긴장한 나머지 다리가 후들거려 연단에 몸을 지탱해야 할 정도였다고 한다. 그러다 학생들 앞에서 훌륭히 연기하는 법을 익히고 연습을 한 덕분에 두려움을 극복했다고 했다. '마인드 컨트롤'을 통해 자신의 뇌를 통제하여 자신을 변화시킨 것이다. 이 기술 덕분에 팀 건은 현재 어디에서든 냉철하면서도 정확하게 사리를 분별해내는 모습을 보일 수 있는 것이다. 그는 인터뷰 마지막에 이르러서는 패션 전문가답게 매우 유용한 조언을 해주었다. "최고의 패션은 다름 아닌 바른 자세에서 나옵니다."

자세는 당신이 사람들에게 어떻게 비춰지느냐에 큰 영향을 미친다. 나는 분명 아주 지식이 풍부한 사람이었을 어느 대학 교수한 명을 알고 지낸 적이 있는데, 지금 기억나는 거라곤 그가 팔다리가 흐느적거리는 가수 조 코커와 닮았다는 것뿐이다. 내 눈에는 그 교수가 전달하려는 지식보다 그 교수가 자신의 신체를 어색하게 움직이는 점이 먼저 눈에 들어왔던 것이다.

지금 당신의 자세는 어떤가? 등이 구부정하지 않은가? 자신도 모르게 척추가 휘지는 않았는가? 호흡이 얕고 불규칙한가? 그렇다면 당신이 긴장하고 있다는 증거다. 의식적으로 올바른 자세를 유지하기 위해 애쓴다면 우리 몸에 큰 변화가 느껴질 것이다. 몸은 우리 마음과 같다.

스스로 초라하고 보잘것없다고 느끼는 사람들을 위한 어드바이스

"나는 내가 존재하는 것 그대로 존재한다. 그로써 족하다."

- 월트 휘트먼

큰변화는결국
내향성이이끈다

몇 년 전 내 고객 가운데 수많은 트레이닝 프로그램에 참가하는 로재너라는 동료가 있었다. 기업마다 프로그램 참가 예산이 빠듯하다는 것을 알고 있었기 때문에 나는 로재너에게 어떻게 그렇게 많은 프로그램에 참가하도록 허락받았는지 물어보았다. 그녀는 각 프로그램에 참가할 때마다 상사에게 최선을 다해 설명했다고 한다. 각 프로그램을 이수하는 것이 부서의 목표 및 자신의 목표를 성취하는 데 어떤 도움이 되는지 그 이유와 자세한 결과를 설명했다고 했다. 실제로 그녀는 프로그램에서 배운 것을 동료들에게 전수해주기도 했다.

이러한 신중한 계획 외에도 설득의 성공률이 높아지는 이유가 또 있었다. 로재너는 평소에 상사를 관찰해 언제 상사에게 접근해 허락을 구하는 것이 가장 좋을지도 알아둔 것이다.

로재너가 수많은 프로그램에 참가할 수 있었던 비결 역시 철저한 준비였다. 그 덕분에 로재너는 회사 내에서 중요한 직원으로 인정받았으며 지난 몇 년간 승진을 거듭할 수 있었다.

리더는 만들어지는 것이 아니라 성장하는 것이다

존재감이 있는 사람들은 좀 더 효과적으로 직원들과 관계를 맺을 수 있으며 좀 더 효과적으로 업무를 수행할 수 있다. 전투기 조종사이자 동기부여 강연가인 월도 월드먼은 리더들이 실제로 현장에서 어떤 일이 벌어지고 있는지 알려면 휘하의 부대와 함께 최전방을 누벼 보아야 한다고 강조했다.

그는 이렇게 묻는다. "당신은 직원들이 어떤 사안에 관심이 있는지, 어떤 불만이 있는지, 어떤 개인적인 문제들을 안고 있는지 알고 있습니까? 직원들이 최선을 다하지 못하도록 가로막는 요소가 무엇인지 알고 있습니까? 부조종사의 얼굴에서 업무의 세부 사항들과 도전 과제들을 읽어내고 이해한다면 고용과 해고, 이동 같은 인적자원 사안들에 대처할 만반의 준비를 해둘 수 있을 겁니다."

리더의 존재감은 팀원들의 결속력에도 영향을 미친다. 최고의 기업 리더십 개발 프로그램 중 많은 수는 업무를 완수하는 데 있어 팀워크의 중요성을 강조하고 있다. GE의 CEO인 제프 이멜트는 다른 사람들과 함께 일하는 법을 배우게 된 이유를 밝힌 적이 있다. 《포춘》의 한 기사[1]에서 그는 이렇게 말했다.

"내가 신입 시절 GE에서 받은 트레이닝 대부분은 개인의 성장을 위한 것이었습니다. 그 때문에 회사 내 많은 문제점들이 발생했죠."

이멜트는 3주간의 프로그램을 받은 후에 직장으로 돌아갔지만 그가 배운 것의 60퍼센트 밖에 활용할 수가 없었다고 한다. 나머지는 그의 상사나 동료들이 도와주어야 하는 부분이었기 때문이다. 이멜트가 CEO로 취임한 이후 GE는 이제 비즈니스 결정을 내리기 위해 팀원들을 함께 트레이닝하고 있다.

리더의 존재감이 낳는 효과를 하나 더 소개하겠다. 『아껴주지 않으면 떠난다』라는 책에서 저자인 베벌리 카예와 샤론 조든 에번스는 "직원들이 회사를 계속 다니느냐 떠나느냐를 결정하는 중요한 요소 중 하나는 '상사에게 어떤 대접을 받는가'이다."라고 강조한 바 있다.[2] 즉, 직원들의 기여를 인정하는 분위기를 조성해야 한다는 것이다. 이러한 기업일수록 직원들의 이직률도 낮고 리더도 존경받기 마련이라고 한다.

배우고
또 배우는 마음으로

제이 A. 콩거는 《하버드 비즈니스 리뷰》에 기고한 〈설득의 기술〉이란 기념비적인 논문에서 상대방을 납득시키기 위한 설득이 아닌 상대방에 대해 배우고 상대방과 협상하기 위한 설득에 초점을 맞추었다.[3]

내향적인 당신이 기존의 틀을 깨고 나온다면 훌륭한 경청 기술과 문제 해결 기술을 발휘할 수 있다. 콩거는 팀 리더들과 고위급 리더들을 모두 연구한 결과 이 리더들이 신뢰를 형성하고 공통의 기반을 쌓고, 증거를 제공하고, 청중과 감정적으로 교감할 수 있다는 사실을 발견했다. 나도 이와 비슷한 경험을 한 적이 있다.

나는 바로 지난해에 내향적인 사람들을 위한 커뮤니케이션 강좌에 참석한 적이 있다. 참석자들은 강좌를 통해 주로 대인 기술을 연마하길 기대했다. 이들은 대부분 스토리텔링 기술에 서툴렀다. 강사는 참가자들에게 스토리를 구성하는 기술 몇 가지를 가르쳐준 뒤 참가자들에게 직접 스토리를 구성해 발표할 시간을 주었다. 그러자 대다수 참가자들이 스스로에게 놀라는 상황이 발생했다. 모든 참가자들의 이야기가 서로에게 임팩트를 준 것이다. 각자의 독특하면서도 보편적인 이야기에 공감해 감동의 눈물을 흘리기도 했고, 웃음을 터트리기도 했다.

이들은 기존의 틀에서 벗어나 스스로를 밀어붙인다면 사람들에게 분명한 메시지를 전달할 수 있다는 사실을 배운 것이다.

거시적 관점에서 보자면, 더 많은 개개인이 비효율적인 태도라는 감옥에서 스스로 걸어 나와 내향적인 사람 특유의 조용한 장점을 활용하는 방법들을 개발한다면 조직들은 수많은 인재를 거느리게 될 것이다. 또한 이러한 인재들이 많으면 조직에서 얻을 수 있는 성과는 더욱 강력해지기 마련이다. 아래의 《포춘》에 실린 기사의 한 대목이 이런한 리더의 중요성을 잘 요약하고 있다.

당신의 경쟁사는 당신이 가지고 있는 모든 장점을 다 따라할 수 있다 - 단 한 가지만 빼고. 세계 굴지의 기업들은 어떤 사업을 하든 간에, 진정으로 중요한 것은 리더를 기르는 것이라는 점을 깨닫고 있다.[4]

하지만 당신이 리더들을 훈련하는 데 지원을 아끼지 않는 포춘 선정 100대 기업에 다니지 않는다면 어떻게 해야 할까? 걱정 마라. 나는 직원들에게 훌륭한 멘토링과 교육을 제공하는 중소기업들의 사례를 수도 없이 많이 봐왔다.

중소기업에 근무하면 오히려 새로운 대인 기술을 과감히 구사하고 연습할 기회는 더 많다. 예를 들어 CEO가 출장 중이면 당신이 나서서 회의를 이끌어나갈 수도 있다. 고객이 들렀는데 경리

부장이 자리를 비웠다면? 문제없다. 당신이 대신 고객을 만나면 된다. 소프트웨어 시스템의 새로운 기능을 배웠는가? 점심시간을 이용해 동료 직원들에게 그 기능을 가르쳐줄 수 있다. 조직은 즉석에서 새로운 역할을 맡을 수 있는 융통성 있는 직원을 보유한 덕에 이익을 볼 것이다. 의식적으로 과거의 틀에서 벗어나 노력하고 연습하면 기업들은 잠재력을 갖추거나 유능한 인재를 늘릴 수 있다.

지나치면 모자람만 못하다

융 심리학에는 그림자 또는 어두운 부분이라 칭하는 개념이 있다. 이러한 부분은 우리가 스트레스를 받을 때 나타난다. 내향적인 자아에서 걸어 나와 좀 더 효율적인 사람이 되려고 할 때, 변화하려는 의지로 인해 너무 과도한 노력을 하게 될 수도 있다.

앞에서 말했듯 내향적인 사람이 사교적인 사람인 척 연기하는 일은 아주 흔하다. 사실 수많은 배우들과 코미디언들이 자신이 내향적인 사람이라고 고백했다. 심야 토크쇼를 진행하던 조니 카슨은 자신이 사교적인 면에 서툴고 사람들을 기피하는 내성적인 사람이라고 고백한 바 있다.[5]

자신감 있는 스타인 척하거나 파티의 주인인 척 연기하는 것은 불안한 상황에 대처할 수 있는 방법이다. 상상을 함으로써 다른 사람을 연기하고 좀 더 외향적인 태도를 보일 수 있다. 하지만 이러한 연기가 역효과를 낼 수도 있다. 다른 사람들이 당신이 연기하고 있다는 것을 알아챘다면 말이다. 질문을 쏟아붓거나 자신에 대한 이야기만 주야장천 늘어놓거나, 너무 자주 시끄럽게 웃어댄다면 당신 자신은 물론이고 당신이 사귀려 하는 사람들마저 지쳐버릴 것이다.

지나치게 자신을 몰아붙인다면 어떨까? 나는 기술 관리자들을 대상으로 3일간의 대인 기술 세미나를 열었다. 수많은 대인 기술 연습과 역할극, 대인관계 문제점들을 해결하는 일 등으로 정신없이 바쁜 3일이었다. 이러한 프로그램을 수행하면서 참가자들 중 상당수는 두뇌 안에 존재하지만 자주 사용하지 않는 부분들을 일깨웠다. 하지만 프로그램이 중반쯤 이르자 대다수의 참가자들이 패닉에 빠지고 말았다. 그때가 되면 더 가벼운 토론을 해야 하고, 페이스를 늦추면서 좀 더 참가자들에게 편안한 내용으로 바꿔야 한다.

예를 들어 참가자들이 소프트웨어 문제에 대한 이야기를 하면서 적극적인 경청 기술을 연습한다고 해보자. 기존의 틀에서 스스로를 너무 과도하게 밀어내다 보면 취약한 분야를 너무 강조하게 된다. 이렇게 되면 학습하기가 더 어려워질 뿐이다.

내가 앞에서 언급한 월도 월드먼은 전투기 조종사 시절에 그의 비행중대가 언제라도 날아오를 준비가 되었다는 의미로 "밀어붙여"라는 표현을 사용했다고 했다. 그는 사람들이 언제나 최고의 실적을 낼 준비가 되어 있길 바란다. 나는 거기에 덧붙여 밀어붙이지 말아야 할 때도 있다고 생각한다. 끊임없이 열심히 노력하다 보면 지치고 자조적인 기분마저 들 수 있다. 자신은 절대 대인관계에 익숙해지지 못할 거라는 생각마저 들기 시작할 수도 있고, 그런 부정적인 생각을 하다 보면 포기할 가능성이 높다.

외향적인 세계에서 성공하는 비결은 연습이라고 말했다. 하지만 지나친 연습으로 인해 다른 사람들에게 진실한 모습을 보여주지 못할 수도 있다. 나는 감히 범접할 수 없는 포스를 지닌 학장이 있는 한 대학에서 일한 적이 있다. 그 학장은 사무실에서 거의 나오지 않았고 사무실에서 나오더라도 최측근 몇 명하고만 이야기를 나누었다.

매년 학장은 자택에서 직원들이 모두 암묵적으로 참석해야 하는 연휴 파티를 열었다. 그리고 파티 때마다 딱딱한 미소를 지으며 우리를 맞이했다. 문제는 그 미소가 얼굴에서 떠나질 않는다는 점이었다. 심각한 이야기를 할 때도 마찬가지였다. 학장은 조금도 진실하거나 진지해 보이지가 않았다. 아무리 상냥해 보이려 연습을 하더라도 이 학장에게는 소용없을 것이라는 생각이 들었다. 차라리 이 연휴 파티에 지을 표정 연습을 좀 덜 하고, 학기 내

내 보여줄 다른 표정을 연습해 보여주는 것이 더 나았을 것이다.

세계적인 금융 컨설팅 회사인 딜로이트의 CEO 제임스 코플런드는 과거에 사교적인 자리에 설 때면 항상 불안감을 느꼈다고 고백한다. 그냥 꾹 참고 최대한 견디며 최선을 다했다고 한다. 다행히 제임스는 유나이티드 웨이 같은 자선단체에서 적극적으로 활동하면서 약점에 대처할 수 있었다. 무작정 연습한다고 해서 이러한 불편한 감정이 바뀌지 않을 거라 생각한 그는 현명하게도 그가 빛을 발할 수 있는 곳에 노력을 집중하기로 한 것이다.[6] 결과는? 물론 성공이었다.

· · · · ·
인내가 필요한 사람들을 위한 어드바이스

"투자에서 성공은 지능지수와 관계없다. 필요한 건 사람들을 곤란에 빠뜨리는 충동을 억제하는 기질이다."

- 워런 버핏

내성적이라도
괜찮아

●

어느 CIO의 퇴직 파티 자리였다. 회사에 20년 넘도록 근무해
온 인기 있는 CIO의 퇴직을 기념하기 위해 간단하게 와인과 치즈
파티가 벌어졌으며 헌사와 선물 증정이 이어졌다.

하급 네트워크 관리자인 재크는 미소를 지으며 파티장에 들어
섰다. 그의 멘토가 되어 주었던 남자에게 경의를 표할 기회가 생
겨 기뻤다. 그는 사람들의 이름을 부르면서 일일이 인사를 나누
었고, CIO에게 다가가 그의 가족들을 만나고 그에게 축하를 건넸
다. 그런 후 재크는 뷔페와 파티장 안을 돌아다니며 사람들과 인
사를 나눴고, 사람들 앞에서 재미난 일화도 이야기하며 유쾌한
만남을 가졌다.

그렇게 파티장에서 한 시간쯤 보내고 나자 재크는 만족스러웠다. 존경하는 이에게 경의를 표했고 사람들과 친목을 도모했으며, 새로운 사람들도 만났기 때문이다. 재크가 파티장을 막 빠져나오려는 순간, 누군가가 그를 불러 세웠다. 바로 그의 소속 부서를 담당하는 부사장이었다. 그는 재크를 한쪽으로 불러 "만약 관심이 있다면 새로운 직위에 지원해보라"고 격려를 아끼지 않았다. 사람을 대하는 그의 모습에 신뢰를 갖게 되었다고 말이다.

즐거운 유머로 사기를 북돋우는 재크의 모습을 지켜본 사람들은 그가 실제로는 아주 내향적인 사람이라는 것을 거의 눈치채지 못했을 것이다.

사실 재크는 얼마 전까지만 해도 사업상 리셉션에 참석하거나 사교 모임에 참석해야 한다는 생각만으로도 숨이 가빠지는 사람이었다. 그런 그가 이번 파티에 승자가 된 것이다. 대체 그동안 무슨 일이 있었던 것일까? 재크는 과연 어떻게 한 것일까?

내향성은 어떻게 차별화가 되었나

달력에서 퇴직 파티가 예정돼 있다는 것을 확인한 재크는 다른 업무를 준비하듯 이 파티를 준비했다. 그날의 주인공인 자신의 멘토뿐 아니라 그 파티에 참석할 가능성이 높은 사람들을 선정해서 적어도 그중 다섯 명과 이야기를 나누고 그중 세 명과는 인맥을 쌓겠다는 목표를 세웠다. 그리고 어떤 이야기로 대화를 시작할 것인지 몇 가지 사소한 이야깃거리도 준비했다.

재크는 사람들에게 어떻게 인식되느냐는 자신의 보디랭귀지와 비언어적 암시에 달려 있다는 사실을 알았다. 그는 천천히 심호흡을 하고 어깨에 힘을 빼고 진심 어린 미소를 지었다. 사람들과 이야기를 나눌 때는 상대방의 눈을 똑바로 바라보았다. 대화가 중단되면 예의 바르게 다음 상대에게로 옮겨갔다.

사실 재크는 커다란 프로젝트 마감일을 앞두고 있었다. 따라서 그냥 사무실에 남아 업무에만 매진할 수도 있었다. 하지만 그는 편안하고 익숙한 것에서 벗어나야 한다는 사실도 알았다.

비록 사교 인맥 쌓기가 상품 판매 계획과 프로젝트 완료 계획처럼 눈에 보이는 결과를 낳지 않을 수도 있지만, 그러한 투자는 존재감은 높이고 주변 사람들에게 인정을 받는 등 여러 보상으로 돌려받을 수 있다. 재크의 경우 파티에 참가한 부사장의 레이더망에 걸린 덕분에 승진할 기회를 얻었다.

재크는 파티장에서 받을지도 모르는 질문들에 대한 답변을 연습했고, 파티장에 들고 들어갈 말문 트기 재료 목록을 미리 적어두었다. 그리고 다른 상황에서 동료와 친구들에게 이러한 재료를 미리 시험해보았다. 덕분에 실제 파티장에서 훨씬 수월하게 해낼 수 있었다.

믿음을 가지면 무엇이든 해낼 수 있다. 목표를 글로 적고 눈으로 확인하면 결심이 더 굳어진다. "나는 이 변화를 이루기 위해 노력하고 있다."고 한번 적어보자. 결심을 글로 옮기는 과정을 통해서 자신을 변화시킬 수 있다. 구체적인 행동 계획을 눈에 띄는 곳에 붙여놓는 것도 좋다.

"행운이란 운과 준비가 만나는 순간이다."라는 오래된 격언이 있다. 그 사례를 하나 들어보겠다. 몇 년 전에 나는 경영 컨설턴트 이자 칩 벨과 함께 『댄스 레슨 : 직장과 인생에서 위대한 파트너 십을 이루기 위한 여섯 가지 단계』*1를 공저한 헤더 슐츠를 인터 뷰한 적이 있는데, 그녀는 과감하게 기존의 틀에서 벗어나는 데 따르는 이점을 설명해주었다.

헤더는 멘토를 찾을 때는 배우고 싶은 분야에서 절대적으로 최고의 인물을 찾아야 한다고 했다. 너무 많은 사람들이 최고의 권위자에게는 감히 부탁을 하지 못하고 망설이는 경우가 많다고 했다. 헤더는 자신의 조언을 그대로 실천했다. 헤더는 경영 컨설팅 일을 알아보던 중에 세계적 권위자인 톰 피터스를 찾아가기로 결심한 것이다. 그리고 몇 년 후, 헤더는 CEO이자 회장으로 피터스의 회사를 운영하게 되었다.

독자 여러분이 부디 이 책을 통해 새로운 시야를 가지고 현실에 적용할 수 있는 실용적인 도구들을 얻었길 바란다. 조용한 힘을 키워 조직에서 다양한 역할을 자유자재로 수행하기 위해 굳이 타고난 성격을 바꿀 필요는 없다. 내향적인 사람들의 가장 큰 실수는 갑자기 외향적인 사람으로 바뀌려는 것이다. 직장에서 성공하려면, 당신이 본래 가진 조용한 장점을 살리고 활용해야 한다는 점을 이 책을 통해 깨닫게 되길 바란다.

당신은 소심한 것이 아니라 세심한 것이다. 답답한 것이 아니라 신중한 것이다. 느린 것이 아니라 꼼꼼한 것이다. 모르는 것이 아니라 아는 체 하지 않는 것이다.

그늘진 응달에서 걸어 나온다면 자신감과 용기를 갖게 될 것이다. 그리고 당신의 반짝이는 재능은 자신뿐 아니라 수많은 주변 사람들을 돕게 될 것이다.

자신의 내향성을 기꺼이 즐기는 사람들을 위한 응원

" 나는 내향적인 사람이다. 혼자 있는 것을 좋아하며, 야외에 나가는 것을 즐기며, 강아지와 여유로운 산책을 하면서 나무들과 꽃들과 하늘을 마주하는 것을 사랑한다."

— 오드리 헵번

머리말

1. 칼릴 지브란, 『예언자 the Prophet』, 앨프리드크노프, 1958년, 60쪽

프롤로그

1. 델 존스, 〈성공한 CEO가 전부 외향인은 아니다 Not All successful CEO's Are
Extroverts〉, 《USA 투데이》, 2006년 12월 8일
2. 짐 콜린스, 『좋은 기업을 넘어 위대한 기업으로 Good to Great』, 하퍼비즈니스,
2001년, 39쪽
3. 에드워드 프리워트, 〈경영 보고서, IT 리더들이 실패하는 이유 Management
Report, Why IT Leaders Fail〉, 《CIO 매거진》, 2005년 9월 1일
4. 다니엘 골먼, 『SQ 사회지능 Social Intelligence』, 밴텀델, 2006년, 277쪽

1부 | 일 잘하는 당신이 회사에서 저평가된 진짜 이유

왜 나는 직장생활이 이렇게 힘들까?

1. 존 그레이, 『일터로 간 화성남자 금성여자 Mars and Venus in the Workplace』, 하퍼콜
린스, 2002년, 83쪽
2. 톰 하트먼, 『코드 해독하기 Cracking the Code』, 베렛-쾰러, 2007년
3. 조너선 라우치, 〈당신의 내향성을 보살펴라 Caring for Your Introvert〉, 《애틀랜틱
먼슬리》, 2003년 3월, http://theatlantic.com/doc/2003003/rauch

4. 〈인피니트 마인드 : 수줍음*The Infinite Mind : Shyness*〉, NPR, 2001년 12월 26일

왜 성격은 바뀌지 않을까?

1. 〈행복을 찾아서*The Pursuit of Happyness*〉, 가브리엘 무치노 감독, 소니픽처스, 2006년

2부 | 내성적인 당신이 상처 없이 직장생활 하는 법

조근조근 그러면서도 할 말은 확실하게

1. 〈학교에 가다*Buffet and Gates Go Back to School*〉, PBS, 2006년
2. 아네트 시먼스, 『최고의 스토리가 승자를 만든다*Whoever Tells the Best Srory Wins*』, 아마콤, 2007년, 4쪽
3. 르네 그랜트 윌리엄스, 『목소리의 힘*Voice Power*』, 아마콤, 2002년, 23쪽
4. 르네 그랜트 윌리엄스, 『목소리의 힘』, 아마콤, 2002년, 66쪽

좋은 사람인가, 필요한 사람인가?

1. 조지 L. 핸버리, 알카 사파트, 찰스 W. 워싱턴, 〈자신을 알고 자신의 운명을 개척하라 : 리더십 적응성 모델*Know Yourself and Take Charge of Your Own Destiny : The Fit Model of Leadership*〉, 《행정학회지(Public Administration Review)》, 2004년 9월-10월호, 64호 5장
2. 다니엘 골먼, 『SQ 사회지능』, 벤텀델, 2006년 277쪽
3. 리즈 클레이먼의 워런 버핏 인터뷰, CNBC, 2006년 12월 4일
4. 빌 칸와일러와 제니퍼 B. 칸와일러, 『인적자원 관리자 역할 준비하기 : 오늘날의 기업에서 성공하는 방법*Shaping Your HR Role : Succeeding in Today's OrganizationS*』, 엘스비어, 2005년
5. 앨런 호로비츠, 〈내면의 리더*The Leader Within*〉, 컴퓨터월드(Computerworld), 2007년 10월호, 1쪽
6. 마커스 버킹엄, 『CEO가 원하는 한 가지 능력*The One Thing You Need to Know : about Great Managing, Great Leading, and Substained Individual Success*』, 프리프레스, 2006년

7. 스튜어트 스토크스, 〈정보 시스템 매니지먼트의 가장 힘든 과도기〉, 정보 시스템 매니지먼트, 봄호, 1부, 2004년, 8-13쪽

8. 다니엘 핑크, 『새로운 미래가 온다*A Whole New World*』, 리버헤드북스, 2006년, 154쪽

9. 다니엘 골먼, 『SQ 사회지능』, 밴텀델, 2006년, 277쪽

10. 스티븐 코비, 『성공하는 사람들의 7가지 습관*The Seven Habits of Highly Effective People*』, 프리프레스, 1990년

11. 넬슨 만델라, 〈만델라의 여덟 가지 리더십 교훈*His eight Lessons of Leadership*〉, 2008년 6월 21일《타임》

12. 말콤 글래드웰, 『블링크: 첫 2초의 힘 *Blink : The Power of Thinking without Thinking*』, 리틀브라운, 2005년

13. 폴 에크먼, 『얼굴의 심리학*Emotions Revealed*』, 오울북스, 2003년

프로젝트를 성공적으로 이끄는 방법

1. 프로젝트 매니지먼트 협회*Project Management Insitute*, www.pmi.org

2. 〈누가 누구와 일해야 하는가? 효과적인 소프트웨어 프로젝트 팀 구성하기〉, 커뮤니케이션즈 오브 더 ACM, 2004년 47호 6장

3. 〈커브 유어 엔수지애즘*Curb Your Enthusiasm*〉, 로버트 B. 와이드 감독, HBO 채널, 2001년 11월 25일

4. 새넌 칼버가 2007년 11월 11일에 테크 리퍼블릭 블로그에 올린 〈외향인인 척 하기*Passing as an Extrovert*〉, www.blogs.techrepublic.com/projectmanagement

5. 〈누가 누구와 일해야 하는가? 효과적인 소프트웨어 프로젝트 팀 구성하기*Who should Work with Whom? Building Effective software Project Teams*〉, 커뮤니케이션즈 오브 더 ACM, 2004년 47호 6장

6. 체스터 엘턴, 〈당근의 법칙〉,《하버드 비즈니스 리뷰》, 2003년 47호 6장

7. 하버드 비즈니스 스쿨 편집부 온라인 〈새로운 프로젝트 매니지먼트*Reinventing Project Management*〉, http://www.pmi.org/pages/muth_vs_reality.aspx

8. 다니엘 핑크『새로운 미래가 온다*A Whole New Mind*』, 리버헤드북스, 2006년

9. 파비오 살라, 〈손쉽게 돈 벌기*Laughing All the Way to the Bank*〉,《하버드 비즈니스

리뷰》, 2003년 9월 1일

상사도 관리가 필요하다

1. 피터 드러커, 『경영의 실제*The Practice of Management*』, 하퍼비즈니스, 1993년
2. 〈뛰는 백수 나는 건달*Office Space*〉, 마이크 저지 감독, 20세기폭스사, 1999년

회의가 경쟁력이다

1. 스탠리 수, 〈해리슨 회의 서비스 창업자인 월터 그린과 호프스트라 대학이 수행한 연구*A Study by Walter Green, Founder o Harrison Conference Services, Inc. and Hofstra University*〉, 인터내셔널 트리뷴, 1990년
2. 제시카 가인, 〈실리콘 밸리, 회의 때 '벌거벗기'로 하다*Silicon Valley Meetings Go 'Topless'*〉, 《로스앤젤레스 타임스》, 2008년 3월 31일
3. 로베르토 바가스, 『가족행동주의*Family Activism : Empowering Your Community, Beginning with Family and friends*』, 베렛-쾰러, 2008년

사람을 남기는 관계의 기술

1. 제이 콩거와 N. 아난드, 〈유능한 네트워커가 할 수 있는 일들*Capabilities of the consummate Networker*〉, 《조직역학지*Organizational Dynamics*》, 2007년, 36호 1장
2. 제인 E. 브로디, 〈기억 금고의 암호 해독하기*Cracking the Code to the Memory Vault*〉, 《뉴욕타임스》, 2007년 12월 4일
3. 앤 베이버와 린 웨이몬, 『일터에서 성공하기*Make Your Contacts*』, 아마콤, 2007년, 87-88쪽
4. 샘 혼, 〈자연스러운 인맥 쌓기*Network Naturally*〉, 2007년, CD, www.samhorn.com

---

3부 | 혼자가 편한 당신이 조직에서 인정받는 순간

사람을 움직이는 부드러운 힘의 논리

1. 엘바 라미레즈, 〈잡담하기 *Makes small Talks*〉, 《월스트리트 저널》 온라인, 2007년 10월 25일

큰 변화는 결국 내향성이 이끈다

1. 조지 콜빈, 〈최고의 기업들은 어떻게 스타를 키우는가 *How Top Companies Breeed Stars*〉, 《포춘》, 2007년 9월 20일, http://money.cnn.com/magazine/fortune/fortune_archive/2007/10/01/100351829/ind.ex.htm

2. 베벌리 카예와 샤론 조든 에번스, 『아껴주지 않으면 떠난다 *Love'em or Lose'em : Getting Good People to Stay*』, 베렛-쾰러, 2008년

3. 제이 콩거, 〈설득의 기술 *The Neccessary Art of Persuasion*〉, 《하버드 비즈니스 리뷰》, 1998년 5-6월호, 85~95쪽

4. 조지 콜빈, 〈최고의 기업들은 어떻게 스타를 키우는가〉, 《포춘》, http://money.cnn.com/magazine/fortune/fortune_archive/2007/10/01/100351829/ind.ex.htm (accessed 2008년 2월)

5. 마크 라너, 〈조니 카슨 : 카슨 부인이 조니 카슨 쇼를 DVD로 발매하다 *Johnny Carson : A Former Mrs. Carson Releases the Classic Johnny Carson Show on DVD*〉, http://www.seattletimes.nwsource.com, 2007년 3월 2일

6. 델 존스, 〈성공한 CEO가 전부 외향인은 아니다〉, 《USA 투데이》, 2006년 12월 8일

에필로그

1. 칩 벨과 헤더 슐츠, 『댄스 레슨 : 직장과 인생에서 위대한 파트너십을 이루기 위한 여섯 가지 단계 *Dance Lessons : Six Steps to Great Partnerships in Business and life*』, 베렛-쾰러, 1998년

내성적인 사람의 일하는 방식은 달라야 한다

상처받지 않고 일하는 법

초판 1쇄 발행 | 2015년 5월 28일
　　2쇄 발행 | 2015년 7월 17일

지은이　　| 제니퍼 칸와일러

옮긴이　　| 원은주
발행인　　| 노재현
편집장　　| 서금선
책임편집　| 이선지
디자인　　| 황소자리
마케팅　　| 김동현, 김용호, 이진규
제작지원　| 김훈일

펴낸 곳　 | 중앙북스(주)
등록　　　| 2007년 2월 13일 제2-4561호
주소　　　| (135-010) 서울시 강남구 도산대로 156 jcontentree 빌딩
구입문의　| 1588-0950
내용문의　| (02)3015-4516
홈페이지　| www.joongangbooks.co.kr
페이스북　| www.facebook.com/hellojbooks

ISBN 978-89-278-0645-5 03320